乡村振兴之职业技能提升系列培训教材

入企必读

刘 兵　魏旭丽　贾威元 ◎ 主编

- 培训技能人才
- 推动乡村振兴

中国农业科学技术出版社

图书在版编目(CIP)数据

入企必读／刘兵,魏旭丽,贾威元主编. —北京:中国农业科学技术出版社,2020.8

ISBN 978-7-5116-4928-7

Ⅰ.①入… Ⅱ.①刘…②魏…③贾… Ⅲ.①企业管理-职工培训 Ⅳ.①F272.921

中国版本图书馆 CIP 数据核字(2020)第 148366 号

责任编辑	崔改泵　李向荣
责任校对	马广洋

出版者	中国农业科学技术出版社
	北京市中关村南大街 12 号　邮编:100081
电　话	(010)82109194(编辑室)　(010)82109702(发行部)
	(010)82109709(读者服务部)
传　真	(010)82106650
网　址	http://www.castp.cn
经销者	各地新华书店
印刷者	北京富泰印刷有限责任公司
开　本	880 mm×1 230 mm　1/32
印　张	4.5
字　数	130 千字
版　次	2020 年 8 月第 1 版　2020 年 8 月第 1 次印刷
定　价	26.00 元

◢ 版权所有·翻印必究 ◣

《入企必读》编委会

主　编：刘　兵　魏旭丽　贾威元
副主编：朱俊如　宣正阳　宣文亚　郭　彦
　　　　鲁　刚　钟育炎　丁存才　苗　涛
　　　　李　琦　李纯良　李玉香　马　峰
　　　　沈志平　杨晓丽　孟英君　付尚树
编　委：叶洪庆　李　霞　李　娜　李　想
　　　　杜明亮

前 言

一个员工的成长，必定是伴随着多次的入企培训。入企培训对企业的发展及员工素质的提高具有非常重要的作用。

本书共 6 章，内容包括：快速转变角色、快速融入企业、快速熟悉岗位、学会人际沟通、应对职场问题、维护权益等内容。

本书不仅语言上通俗易懂，结合大量的实例帮助读者快速理解，还介绍了许多实用性强的方法和措施，让读者能够应对职场问题及维护权益，力求帮助新员工快速融入企业、适应岗位、与同事合作，妥善处理工作中遇到的各种问题，以实现自我提高，为企业作出贡献。

编　者

目 录

第一章 快速转变角色 (1)
第一节 角色转变 积极适应"新环境" (1)
第二节 职业适应 真正变成"职业人" (15)

第二章 快速融入企业 (26)
第一节 提高职业素养 (27)
第二节 融入企业文化 (40)
第三节 把握市场 (44)
第四节 遵守企业制度 (46)

第三章 快速熟悉岗位 (49)
第一节 企业岗位环境分析 (49)
第二节 岗位的内容 (53)

第四章 学会人际沟通 (57)
第一节 沟通基础理论 (57)
第二节 职场沟通的基本技巧 (61)
第三节 常见的职场沟通形式 (69)

第五章 应对职场问题 (89)
第一节 自我激励 (89)
第二节 压力管理 (93)
第三节 应对问题人物 (99)
第四节 时间管理 (111)

第六章 维护权益 (114)
第一节 工资待遇 (114)

第二节　休息休假制度 …………………………（118）
第三节　社会保险 ………………………………（122）
第四节　维护权益 ………………………………（126）
主要参考文献 …………………………………………（135）

第一章 快速转变角色

第一节 角色转变 积极适应"新环境"

一、角色认知

(一) 角色与角色偏差

生活就像一个大舞台,我们生活在其中的每个人都扮演着不同的角色,有的扮演父母,有的扮演儿女,有的扮演老师,有的扮演学生,有的扮演工人,有的扮演农民……生活中,一个人必须担当许多种不同的角色。

当然,更多的时候我们在扮演着多重角色,同时也在阶段性地转变角色。比如在师傅面前是徒弟,上级面前是下级,同事面前是同志、朋友,老人面前是年轻人……我们能否较快地适应这种角色的更替,环境重要,个人的心态更是重要。

我们渴望角色转变,因为它能给我们带来历练和成长。当我们背着行囊,告别老师和同学,离开校园时,对未来充满憧憬,期待能早日走上工作岗位。

1. 角色

就是人在社会中拥有的身份、地位以及由此决定的行为方式和规范。角色对人的约束分 3 个层次:必须的行为、允许的行为和禁止的行为。

必须的行为和禁止的行为通常关系到角色职责的履行和角

色的社会形象，而允许的行为一般不影响角色基本职能的完成，是否去做可视情况而定。

2. 角色偏差

初涉职业社会的职业人，由于角色意识不强，或对角色理解错误，因而容易产生"角色偏差"。

（1）角色冲突，即改变旧角色扮演新角色时，新旧角色之间所发生的矛盾和冲突；

（2）角色错位，即行为处世超越自己的角色范围，引起他人的反感；

（3）角色空位，即没有按照角色的规范行为，工作不到位；

（4）角色泛化，即几种角色规范互相干扰，影响当前角色的扮演。

以上角色偏差都会影响对职业环境的适应，因此必须引起高度重视，同时注意在学习和实践中加以纠正，以尽快缩短"角色距离"。

3. 角色规范

角色是和社会位置相联系的行为模式，它规定了一个人在一定位置上所具有的活动范围、应尽的义务，能享有的权利、行动的方式等。

（二）社会角色认知

1. 角色的社会性

一个人不可能脱离社会而单独存在，他（她）必须适应社会，融入企业之中。一名18岁的职业人，进入职业学校刚2年，就又要面临人生的转折期，从"校园人"走向"社会人"和"职业人"，他（她）一定会有很多困惑。

2. 角色的阶段性

很多职业人的困惑来自于他们认识不到自己社会角色的转

变，依然把学校中的那套为人处世方法拿来用在社会中，所以行不通。"想着马上要参加工作了，我就充满了紧张""我还没有做好参加工作的心理准备，怎么办呀？""我真不想工作"。充满了烦恼，真希望一辈子都待在学校里，多好啊！

3. 角色的多样性

人在一生中要扮演多种角色，要发生多次的角色转换。其实，一名职业人从学校学习到一个新的单位工作，就是一次角色转变的过程，即实现由"校园人"到"职业人"的转变。而从学校到社会，从学生到职场中，这个过程总会伴随着茫然与苦闷。

4. 角色认可的心理阶段

角色认可分为3个心理阶段。

拒绝阶段：当一个人进入一个新环境时，通常都是以已有的经验来了解新环境。这时候人们熟悉的是过去的环境，过去的行为模式。对于新环境中的不适应通常的反应是"应该是怎样"，而不是考虑"要我怎样"，处处表现出旧角色行为。还处于对新角色的拒绝阶段，尽管这可能是无意识的。

适应阶段：拒绝产生了问题或受到了非议甚至打击。此时认识了新环境中的朋友，开始了交往并找到效仿的楷模，对新环境中自己的社会位置、责任义务、行动范围和分寸有了认识。并在外部信号的导向下，开始明白什么行为受欢迎，什么行为不受欢迎。但这时候经常在自己的内心提出疑问：我这样对不对？行不行？行动上模仿别人，意识上控制自己，成为一名"新手"。其特征是谨慎从事、紧张、行为不够自然随意。

内化阶段：开始具备了"角色知觉"。对自己新角色的分辨能力变得细微，认识也更深刻，对新角色规范十分习惯。可以得心应手地参与角色并与他人成为互动的角色伙伴。而且还能以自己的态度、行为模式影响别人对这一角色规范的看法。外在压力不再是行为的驱动力,内在动机成为行为的主要驱动力。

有人把社会比作是一个大舞台,在舞台上,每个人都在扮演着自己的角色,客观地承担着社会角色。所谓社会角色,简单地说是一个人的身份,是指由人们所处的特定社会地位和身份所决定的一整套规范和行为模式,是人们对具有特定地位的人的行为的一种期望,是社会群体的基础,它随着社会实践的发展而不断更新。社会角色是社会赋予人的社会权利与义务,它反映了每个人在社会中的地位和在人际关系中的位置,代表了每个人的身份。每个人扮演的主要角色不同,是由其承担角色的主要任务决定的。

二、学生角色与职业角色

【经典案例】

小华是个很活泼的女孩儿,在学校时就是学生会的文艺部部长,点子多,做事有股冲劲儿。刚到公司的时候,她的表现让领导颇为满意,得到了领导的肯定,小华更加自信,认为前途一片光明。一次,所在的部门开会,到了会议室才发现别的部门还没有开完会,于是大家就在门外等候。小华却走了进去,并且对这一部门的工作发表了一通自己的见解。这样的事之后又多次发生,当领导问起时,小华说:"我觉得没什么问题,应该允许发表个人的意见嘛!"结果可想而知,她在单位成为了异类人士,她很快就收到了解聘通知。

一个人的角色认识过程既是认识自己、认识他人、认识社会的过程,也是通过自己所承担的角色让他人和社会了解自己的过程。由学生角色向职业角色的转换,在我们每个人一生中占着十分重要的位置。这个过程,也是一个人走向成熟的过程。一名职业人的角色转移成功与否直接影响着事业的成功与失败,如不能及时进行角色转变,在工作中就会遇到诸多问题,甚至会影响自己的成长与发展。

（一）学生角色与职业角色的主要区别

1. *活动方式不同*

学生以学习书本知识为主要活动，作为受教育者，其认识社会的途径主要是间接的，认识的内容主要是理论性的、理想主义的。同时，由于学生在上学期间多接受来自家庭和社会的供给和资助，其学习生活是一种集体生活，学校在学生生活的管理上对学生提出统一的行为规范，学生角色使得学生处在一种接受外界给予的方式下。而社会职业角色则要求运用自己已掌握的知识和能力，通过具体的工作向外界提供自己的劳动。

2. *社会责任不同*

学生角色的主要责任是学好科学文化知识，掌握社会生活的基本技能，逐步完善自己，以便将来为社会服务、实现自己的人生价值。而职业角色的责任是用自己所掌握的知识，通过具体的工作为社会做出贡献，以自己的行为来承担责任的过程。两种不同角色分别承担着两种不同的责任，学生角色责任的履行主要关系到学生本人掌握知识和培养能力的程度，而职业角色责任履行的影响则非常大，不仅影响个人价值的实现，还会影响到单位和行业的声誉。

3. *社会权利不同*

学生角色的权利是依法接受教育，取得家庭或社会的经济资助。职业角色的权利则是在开展工作的过程中依法行使职权，并在履行义务的同时取得报酬及其他相应的社会福利待遇。

4. *社会规范不同*

学生角色是从教育和培养的角度出发规范学生的行为，如通过制定《学籍管理条例》《学生生活管理条例》等规章制度，对学生的学习和生活做出相应的要求,目的是为了引导学生健康成长为社会主义合格的建设者和接班人。而社会职业角色对从业者行为模式的规范则因为职业的不同而相应地非常具体,而且要求严格执行,一旦违背就必须承担责任,甚至追究法律责任。

(二) 工作角色的主要特征

1. 活动方式发生了变化

学生和职业人员在活动方式上存在着差异。在遵守法律法规、社会公德和单位规章制度的前提下,职业人员在生活上有较大的自由度。从学生角色转换为社会职业角色,就是一个从接受到运用、从输入到输出的重大活动方式的改变。

2. 社会责任逐渐增强

学生的主要责任是学好科学文化知识、掌握职业活动技能。整个过程是一个接受教育、储备知识、锻炼能力的过程。职业人员则以工作实践为主,以特定的身份去履行自己的岗位职责。例如,作为一名医生,如果医术精湛,医德高尚,能认真履行自己的职责,不仅能为医生树立风范,而且会为所在的医院带来声誉;反之,如果医务人员由于疏漏出了医疗事故,人们就会从职业道德的角度加以责备,甚至追究其法律责任,这样既影响到个人,也会有损医院和医疗工作者的形象。由此可见,从学生到职业人员的角色转变,角色所担任的社会责任增强,社会对职业人员的责任心有着更高的要求。刚刚走出校门的职业人往往不能马上适应这种转变,或是对工厂严格的纪律和管理制度难以适从,或是对功过的要求感到过于苛刻,这都反映了他们还没有认识到自己的角色已经发生了转变,没有意识到自己所负的社会责任增强了。

3. 全面独立的逐渐提升

独立承担社会责任以及经济的独立,其中,经济的独立是区别学生与职业人员的一个重要标志。在学生时代，学生在经济上主要是依靠家庭的资助，生活上依赖家长的关心和照顾，学业上习惯了老师的指导，总是处在一种被人扶助的环境之中。学生进入职业生涯以后，全面独立的要求主要表现在：有了工作报酬，经济上应该逐步成为独立者；工作上要求能够独当一面；学习上要会自我安排，在自己日常的工作生活中通过自身的体验来了解和认知社会；生活上要会自己照顾自己。这种全面独立的要求，对职业人来说就是要学会依靠自身力量，自我学习，自我管理和自我教育。

三、学生角色与职业角色差异性

要真正做好角色的转换，除了要认识角色的不同外，还必须认识到企业与学校的不同。社会是一个大熔炉，相对学校来说有各种关系要处理，有各种规章制度要遵守，有规定的生产任务要完成，还有很残酷的竞争要面对等，而学校相对简单，只要处理好同学关系和师生关系、上课学习和参加相应的活动。而进入社会后，关注更多的将是工作、质量、合作、绩效、效益、工资、职位等，不再是单纯的上课、学习和成绩。

（一）处理的关系不同

在学校只有同学关系和师生关系要处理，但进入单位，更具体一点就是进入公司后，最基本的关系就是同事关系，其次是管理者与被管理者之间的关系。同学关系和师生关系都相对单纯、质朴，不存在根本的利害冲突和竞争，而公司作为一种追求盈利的机构，一切均以工作质量和效益为中心，同事关系相对复杂一些。

一是表现在同事的组成要比同学的组成相对复杂，年龄不同、经历不同、背景不同、水平和层次不同、专业不同、兴趣爱好不同、志向不同等等，必然使每个人的想法、办事风格、处事态度、工作作风等都不同，那么，我们必须学会用不同的方法与不同的人进行交流和合作。

二是处理方法也不能像对待同学或朋友一样，单凭兴趣爱好来决定。因为作为同事，不管你们是否投机、是否合得来，甚至是与你作对的人，你们都必须一起协同工作，共同将工作做好。如果说同事关系难处理的话，难就难在这里。因此，我们必须学会用宽阔的胸怀和包容的心态来接纳各种不同的同事。

三是同事之间也存在一定的利益冲突和竞争。这也是同事关系难以处理的另一个方面。比如，工作安排、工资、奖金、选拔提升、甚至辞退等都充满了竞争和利益冲突。我们必须学会处理和平息各种矛盾，必须学会克制、忍耐和等待，学会在竞争中生存和成长。

四是管理与被管理关系的协调。进入社会和企业后，不管你在哪个部门或车间，也不管你处在哪个位置，你都会面对一个人，就是你的上司，即你的管理者。我们还必须学会与上司相处，主动积极地帮助上司克服各种困难，配合上司完成公司的各项工作任务，同时不失时机地表现你的能力和才华。要特别注意的是，很多人在学校自由惯了，一旦进入社会要接受别人的管理，就会产生不习惯的现象。

在实际工作中，经常会出现你的想法与领导或师傅不一致的时候，这个时候你该怎么办呢？首先，你应该准备充足的理由，与你的领导或师傅去沟通这个想法。其次，如果不能取得领导或师傅的认同，那么一般情况下，如果你确认这个想法对公司很有益，就应该向更高一级的领导汇报，相反就要暂时收起这个想法，率先执行领导的决定，然后再等待时机沟通。

(二) 社会与学校的竞争不同

在学校，同学之间、同学和老师之间，除了一些学业上的竞争外，基本上不存在根本的利害冲突和竞争，而公司作为一种追求盈利的机构，一切均以工作和效益为中心，员工的每一项工作，公司的每一项决定都无不与公司的经营目标和公司盈利挂钩，这种事事与经济效益挂钩的体制必然引发利益冲突和竞争。比如，公司是以工资这种基本形式来衡量每个人的工作业绩和对公司的贡献，而且可能每个人的工资都不同，同一份工作，有拿三四千的，有拿五六千的，也有拿七八千的，不同的工作之间差别更大。当然影响工资水平的因素很多，首先是企业的效益，这是最基本的前提，如果企业没有效益，员工的工资是不可能很高的；其次是公司对员工工作能力与水平的评价体系，主要包括工作量、工作效率、工作质量、工作态度、对公司的忠诚度、培养潜力等；再次是岗位性质，如果某个岗位各方面的要求都高，自然工资也高，相反则相对较低；最后就是人才的供求情况，如果某方面的人才紧缺，肯定这方面人才的价格也会要高些。相反，如果某方面的人才很容易找到，那么相对来说，可能工资也要低些。

（三）自由和自主的程度不同

在学校，基本上没有太多的约束。而在社会，你必须遵守各种规章制度和法律法规；在公司，你必须遵守公司的各项规章制度。为了保证公司的各项工作任务能按时、按质、按量地完成，公司会有很多管理和奖励办法。大家都知道"社会分工"这个名词，但真正与自己联系起来可能还是参加工作以后的事，在学校你想做什么，想学什么，想怎么做，你只要征得老师同意后就可以去做。但在公司，上班时间，你只能做与工作相关的事，至于怎么做，更不是由自己决定。更多的时候，人们要根据企业的需求来做。

（四）责任和义务不同

这在前面的角色转换中已提到。经过我们十多年的寒窗苦读，现在终于到了有能力回报社会和家人的时候，每个人都应该掂量一下自己身上的责任。我们应该回忆一下，我们的父母，为我们添了多少白发与皱纹！甚至疾病缠身。现在我们是不是应该努力工作，做出好的成绩来回报父母。

四、角色转换中常见的心理障碍与实现

【经典案例】

  小杨是一所职业院校机电专业学生，在某公司参加顶岗实习。该生在校期间表现良好，是学生会干部。一次外线施工，任务完成一半后，该生被师傅安排回厂休息。项目主管不了解情况，以为是他自己跑回来休息，逃避工作，就发火批评了该生，该生一气之下就辞工离开企业跑回了家中。

  在这个案例中我们可以看出该生抗挫折能力较差，虽然这名学生在学校期间表现一直比较好，担任学生会干部，听到的都是老师、同学表扬的话，很少受到批评，没有这方面的心理挫折经历，所以工作后突然发生此类事件，该生不能承受，又不能理智地处理，不懂得如何恰当地为自己辩解，所以发生了负气离职的事情。所谓角色转换，是指个体的人因社会任务和职业生涯的变迁，从一个角色进入另一个角色的过程，其根本的变化是社会权利和义务的变化。在社会生活中，每个人都履行着不同的社会责任，遵循着不同的社会规范，扮演着不同的社会角色。对自己的社会角色认识得越清晰越全面，就越能顺利地实现角色的目标与任务，就越符合社会的期望。一个人只有符合社会的期望，他才会受到社会的接纳和欢迎。

  职业人在学校完成理论学习和专业实训之后，开始进入顶岗实习阶段，这对学生来讲可以说是预就业或准就业，这无疑标志着一个新的人生阶段的开始，是人生过程中最重要的转折。一个职业人从学校进入社会，期间必然要经历一个角色转变的过程。

(一) 角色转换中常见的心理障碍

学生角色向职业角色的转换是一个艰苦的过程。由于受到自身因素和客观环境因素的双重影响，往往在角色转换的过程中会出现一些心理障碍，主要表现在以下几个方面。

1. 不满意当前的工作岗位而产生失落感

刚刚进入职场的职业人都有很高的理想抱负，期望一开始就脱颖而出，但真正开始工作后，由于种种原因，部分学生认为自己目前的工作岗位不够理想，与原来理想中的岗位相差甚远，不甘于平庸，却又无法改变现状，因而容易产生失落心理。

2. 不适应新的环境而产生畏难心理

有的学生在进入新的工作单位后，缩手缩脚，不敢大胆开展工作，究其原因，很大程度上是因为面对新的环境，不知道如何着手开展工作，另一方面是因为现在的职业人多是独生子女，从小到大的人生轨迹均由父母设计，独立处理问题的经历和经验较少，又担心自己做错了事，会造成不好的印象，因而难以进入状态，总觉得不适应，这样往往就产生了急躁、畏难心理。

3. 过高估计自己而表现出的自傲心理

有些学生自视甚高，认为自己接受过职业教育，肚子里装了很多实用知识，在工作中不去认真地了解、熟悉工作单位的情况，却常常对一些管理方式随意发表高论，或者轻视实践，不愿意到基层去锻炼，认为自己从事底层工作是大材小用，这种心理产生的后果就是眼高手低，在实际工作中表现为大事做不了，小事又不做，从而很难完成角色转换。

(二) 角色转换的心理调整

分析职业人角色转换过程中经常出现的心理障碍，对于帮助学生顺利实现角色转换和适应职场有着非常重要的指导意义。

1. 充满信心,与时俱进

职业人从小学、中学到职业学校以及步入社会,更需要有年轻人的朝气与自信。要相信任何困难都不可怕,命运最终掌握在自己手中。

2. 保持良好的心态

由学校转向社会的过程中,难免会出现某些心理上的波动;或因环境陌生而孤独,或因条件艰苦而失落,或因单位人才济济而畏惧等,这些是正常的,不必大惊小怪。重要的是保持心理的平衡,莫让不良的情绪左右自己。

3. 认清自己的角色,了解具体角色的特点和要求

职业人上岗伊始,一定要充分认清自己的角色位置,明确自己的工作内容、工作特点、工作方法、社会对这一角色的期望等。只有这样才能明确在工作中怎么去做、做些什么、怎样才能做好等。除此以外,你还可以通过主动地与主管领导交谈,向老员工请教,学习有关规定、岗位职责规范等,尽快熟悉并进入自己的角色。

4. 安心本职,甘于吃苦

安心本职工作是角色转换的基础。许多职业人在顶岗实习几个月后还静不下心来,这对角色的转换非常不利。既来之,则安之,学生应尽快全身心地投入新的工作。安心工作,才能成就一番事业。甘于吃苦是角色转换的重要条件。只有甘于吃苦,才能尽快适应工作,及时进入角色。

5. 要勤学好问

学生走上社会,绝非意味着学习的结束,而是新的学习任务的开始。来到一个新单位,你会发现,学过的许多知识一时用不上,而工作所需要的知识又学得不够深入甚至完全没有学过。所以,工作中的竞争在很大程度上是继续学习以尽快胜任

工作的能力，谁善于学习，谁就将在激烈的竞争中取得主动权。走上工作岗位的学习，一个很突出的特点是边干边学。除了加强自己的学习之外，还要虚心好问。你的上司和你的同事，都有着丰富的实践经验和专业知识，遇到困难及时向他们虚心请教，是帮你获得成功的一条捷径。

6. 积极参与工作

克服不良情绪的影响，重要的是使自己尽快进入"角色"，熟悉本职工作的过程，正是激发工作兴趣的过程，只有积极参与工作，才能逐步培养你对所从事工作的可持续的热情。

7. 要学会克制与忍耐

社会要比学校复杂许多，走上工作岗位，你可能会遇上固执刻薄的上司，可能碰上不通情理的同事，也可能在生活条件、工作环境上遇到一些不舒心的事情。遇到这种情况，要学会忍耐，要学会克制，学会分析，并且要逐步提升解决问题的能力。

五、角色转换需要注意的问题与方法

（一）角色转换需要注意的问题

1. 学会比较，提高对环境的认识

职业人要想尽快实现从学生角色到职业角色的转变，首先必须认识学习环境和职业环境的不同之处，两者的区别在于：学生生活环境是一种经过加工的秩序化的环境，而职业生活环境是一种自然的、未经设计的环境。职业生活主要靠个人去探索和奋斗，没有统一的模式可参照，从业者要结合自己的实际情况，自行设计自己的职业生涯和奋斗目标。职业生活与学生生活相比，还需要有制度、有更强的责任感和良好的职业道德。

2. 学会独立，做好角色定位

职业人通过顶岗实习走上工作岗位以后，要迅速地完成角色的转变，认识自己在新环境中的位置和所承担的工作角色，知晓该角色的性质、职责范围和自己应承担的义务，这是顺利度过适应期的重要一步。

如果一名18岁的职业人从顶岗实习及毕业后到新单位还跟在学校一样，意识不到新角色与学生角色有什么不同，迟迟进入不了角色，依然我行我素，就会加大与新的社会角色的距离，造成对新环境与工作的严重不适应。

社会与学校相比，生活环境、工作（学习）条件都有着很大的变化，难免会使那些职业人产生心理落差和强烈的冲突。因此，职业人在这个过程中要着重锻炼自己的独立生活能力、心理承受能力以及应对挫折的能力。要明白，你已经是一个成年人，要对自己的未来负责任，学会自己独立解决问题，不要动辄向父母或朋友伸手求援，或是遇到一点挫折就灰心丧气。要知道，你人生的"万里长征"才刚刚起步。

3. 自我调整，尽快适应新的工作环境

学生走上工作岗位后，要积极进行自我调整，尽快适应新的工作环境，在竞争中生存、发展，从而实现自己的人生价值。对于刚参加顶岗实习工作的职业人应注意树立以下几种形象：勤奋、认真、负责、谦虚、诚实、守信、守纪、向上、表里如一、能胜任工作等。要树立良好的工作形象，必须从身边的一点一滴做起。要从大处着眼，小处着手，要有持之以恒的精神，不能一时好、一时坏，更不能随着自己的个性想怎么样就怎么样。好的第一印象不是通过一件两件事情反映出来的，而是长期的、稳定的工作印象。不能为了表现而表现，而是发自内心的自觉行为。要尽快全身心投入到新的环境中。一个人在学校学到的东西毕竟有限，大部分知识和能力仍需要在工作实践中学习、积累和锻炼。在我们周围有经验的领导、师傅、技术人员和同事都是很好的老师，他们在岗位上工作多年，具有丰富的专业知识和实践经验。这些都是你所需要的，只要你肯虚心请教，一定会学到很多有用的东西，而这些都是你将来获得更好的发展、做出更好的成绩的资本。

(二) 角色转换的方法

1. 接受上岗培训

这是了解企业、融入企业的最佳途径。企业要加快新员工对企业的认同，另一方面要进一步了解新员工以及合理使用新员工的有效方式。

2. 认同企业文化

企业文化是企业实现可持续发展的基础与动力。一般有精神文化、制度文化、行为文化、物质文化4个方面。

3. 遵守企业制度

"没有规矩，不成方圆。"作为新员工必须牢记各种工作纪律，只有严格约束自己的行为，才能被企业所接受。

4. 参与各种活动

企业除了正常工作外要组织各种娱乐、捐助、谈心等活动。

5. 适应管理者行为风格

它一方面体现管理者的个性特征，另一方面也传承、体现了企业文化。

第二节 职业适应 真正变成"职业人"

【经典案例】

2018年6月，我顺利地和某公司签了就业协议，经过半个月的培训，7月22日，正式被安排到财务部实习，我开始扮演公司职员的角色，这对我来说是一个全新的开始，也是一个全新的挑战。

作为新进人员，为了更快地进入角色，融入企业，我首先学习了该单位的企业文化、集团概况、发展规划以及公司的各项规章制度等。文化是一个企业的精髓所在，只有了解和认同企业文化，才能更好地开展各项工作。

为尽快完成角色的转变，适应新环境，开展新工作，首先，我根据公司的安排完成了各项培训任务。在此期间跟随领导和各位师傅学习业务技能，勤思考、常动手。通过近6个月的实习，我掌握了一些工作技能，这是我顺利转变角色的基础和保证。

在提升业务能力的同时，领导们给了我很多发挥潜能的机会，起初我不相信自己，但我知道事在人为、事又为人的道理，为人处世是一门学问，且不是在书本中可以参透的学问，只有思敏之人，敢于尝试之人，才有成功的可能。我欣然接受了领导给予的机会，和其他同事一起主持了单位的迎中秋联欢晚会，并参加公司职工乒乓球比赛，通过各类文娱活动的参与，我认识了很多同事，锻炼了我的沟通能力，使我在一次次活动中得到成长……

当我们经过充足的准备工作之后，成为了一名职业新人。不管我们对这种职业有多么大的兴趣，以及自己有多大的能力，踏入这一行业都要有一个适应过程，这个过程就叫职业适应，也就是在实习或就业后，对工作和工作环境在心理、行为上逐渐认同和习惯的过程。职业适应能力的强弱、适应期的长短，对每一个刚刚进入职业生涯的人来说都有着深刻的意义。它不仅关系目前的职业能否日趋稳定，还关系今后的工作热情和工作效率能否不断提高，关系自己的职业生涯能否顺利发展。

一、职业适应的阶段性特征与内容

从学校走向社会、服务社会是人生的一个重大转折。实现角色转换，顺利度过职业适应期，是学生不可回避的现实。因此学生要正确认识自己所承担的社会角色，了解社会角色所承担的权利、义务和规范要求，重塑自我、成功就业，实现自己的人生价值。

（一）职业适应的内涵

所谓职业适应是指刚刚实习或转换职业的学生对职业环境的适应和习惯过程。对职业环境的适应，主要是指对生产过程、岗位职责、工作制度、人际环境、生活习惯等方面的适应。每个刚踏上新工作岗位的学生都要经历从不适应到适应的心理过程，这一过程实际上是青年社会化不可跨越的必经阶段，对今后的发展与成才将产生重要影响。所以每个人，尤其是刚刚实习的学生必须认真地对待职业适应问题。

（二）职业适应的阶段性特征

一般来说，职业适应期因一个人主客观条件和职业适应能力的不同而存在着差异，但不管是什么人，都会或深或浅、或长或短地经历4个不同的阶段。

1. 兴奋好奇期

从学校走向社会初期是兴奋好奇期。学生大都异常兴奋激动，对新的环境充满新鲜感和好奇心。他们渴望全面了解职业岗位的性质和特点、物质待遇、发展前景，希望能在职业岗位上大显身手，实现自己的理想和抱负。

2. 矛盾冲突期

随着时间的流逝，刚刚到工厂（公司）时的激动与兴奋渐趋平静，好奇心理逐渐消失，随之而来的是矛盾和冲突的产生。刚刚走向工作单位的学生，矛盾和冲突主要表现在以下几个方面：一是职业社会与学业社会的矛盾。在学校，他们所接触的人和事相对简单、单纯，虽然也有矛盾和冲突，但这远远不如职业环境中的矛盾和冲突来得复杂激烈。二是职业理想与职业现实的矛盾。青年人富有理想,对未来的工作、生活充满了美好的向往。但是,当他们走上工作岗位,处在复杂的职业环境中时,深感到理想与现实反差太大,许多人一下子从理想"高空"跌落到现实的"地面",因而苦闷、失望。三是学业成绩与职业能力的矛盾。有的学生在校时学业成绩优良,各方面表现较好,时常是在掌声和赞许声中结束学校生活的。但走进工作单位后,原有的优越感消失了,一旦受到批评和指责,尤其是在职业能力低下、操作不熟练的情况下,一些人的自尊心、自信心受到了伤害。四是学生角色和职业角色的矛盾。作为学生,所扮演的角色相对单纯,难度也小,但在职业岗位上所扮演的角色则要显得复杂和困难得多。

3. 调整平衡期

经过一系列或长或短、或大或小的矛盾与冲突,学生们开始立足实现,思考所遇到的问题,探索今后的职业人生。于是,一部分人放弃了原来的幻想和过高的期望,重新确立比较可行的职业目标;一些人则开始调整改变处事态度,协调人际环境,一些人在全方位调适的同时,开始寻找事业发展的新突破口,适时调整职业方向,重新选择了新的职业岗位。当然也有一些人经过矛盾冲突后,变得意志消沉,或逃避现实,或怨天尤人,实现一种消极的心理平衡。

4. 稳定发展期

在这个时期,人们逐步适应了自己所处的职业环境,基本完成了从学生角色向职业角色的转换,职业理想、职业兴趣也已形成并逐步稳定,对周围的人际环境开始认同,且能主动融入这种环境中,成为新的集体的一员。

(三)职业适应的基本内容

职业适应涉及许多方面,它包括从生理到心理的适应,从职业岗位到社会生活的适应,主要表现在以下5个方面。

1. 心理的适应

包括观念和意识的适应，如要树立竞争观念、协作观念。也包括角色适应、认知适应、情感态度适应、意志适应和个性适应等。

2. 生理的适应

包括对工作时间、劳动强度以及紧张程度的适应等。由于一些工作需要加班，或三班倒，有些学生不能很快适应，会出现头晕、头痛等现象。只要注意休息，及时调整作息时间，应该还是能够适应的。

3. 岗位的适应

指对职业岗位的性质、特点的适应，岗位要求的适应，包括对劳动制度、岗位规范等的适应。

4. 技能的适应

指对工作岗位所需的知识、技术、能力的适应。知识适应包括文化知识、专业知识、职业安全知识、职业卫生知识、职业道德知识的适应等；能力适应包括专业技术能力和一般工作能力两方面的适应。专业技术能力是与职业岗位联系最为直接的，包括操作能力。一般工作能力主要是指具有获取信息的能力，分析问题、解决问题的能力，创新能力，组织、经营、管理能力，独立工作能力，应变能力和竞争能力等。

5. 人际关系的适应

指能处理好与同事、上级领导等方面的关系。在新的环境中，有些学生由于性格等方面的原因，能很快与自己的同事和领导形成融洽的关系。很快就能找到自己的角色，而对于一些平时就比较内向或不善沟通的学生来说，在人际关系的互动上就会出现暂时的不适应，或需要花费很长的时间才能取得同事的认同。

二、职业心理的适应过程

【经典案例】

每一位从学校进入社会职业环境的人在很长一段时间内，面对新的环境、新的职业、新的工作岗位、新的人际关系等因素，在工作技能和心理上都要经历一个从很不适应—逐渐适应—完全适应—（再到）不适应—逐渐适应—完全适应的反复循环的职业心理适应过程。随着时间的推移，人们从对职业的不适应到逐渐适应再到完全适应，心理上会表现出由初期烦躁、易怒、冲动等转而到满足、平安、稳定、成熟等心理特点。

（一）职业心理适应期的个人差异

一般而言，从学校进入新的工作岗位，经过心理不适应，再到心理基本适应具有周期性，其周期一般需要 3~5 年。自我意识和自我感受能力较强的学生，因对自己的期望值较高，往往对职业的适应期更长一些，反之则短一些；职业心理相对较脆弱，自我调控和自我适应能力差、缺乏辩证思维的学生，往往适应期要长一些，反之则短一些；与周围人交流少，人际关系紧张，得不到及时心理支持的学生，往往对职业的心理适应期要长一些，反之则短一些；身处职业环境差的工作岗位，特别是面对的领导管理过于严格，人际关系复杂，人际矛盾较多的工作环境中的学生，往往对职业的适应期要长一些，反之则短一些。

（二）职业心理适应期的压抑感

在职业心理适应初期，压抑感是一种最主要的表现形式。这种压抑感主要由 4 种心理感受组成。

1. 个性失落感

职业人的普遍特点是张扬个性，而新的职业环境则是一个强调共性的地方。学生在学校养成的个性在工作环境中往往不被欣赏,因此容易产生失落感。

2. 层次挤压感

学生在学校学习期间更多是得到老师的呵护与教育,不存在经济方面的奖惩因素,而工作的职业环境是一种"金字塔"形的科层制结构。员工的绩效考核与工资收入相联系,这对于刚从学校到新的工作单位的职业人来说,不论是在工作上还是在心理上,面对新环境、新职业,学生总是会感到来自职位、社会地位的压力。

3. 攀比失衡感

刚步入社会的学生习惯拿自己的同学、同龄人、同一批得到职位的伙伴进行比较,看自己的收入、晋升等方面比别人好还是不好,优越于别人的方面常常被忽略,而不如他人的方面往往被夸大。

4. 情绪波动感

刚进入新的工作岗位的学生,缺乏持之以恒的耐性,工作中稍微遇到挫折,就对生活、工作等失去兴趣,情绪波动不定。职业人进入人生的转折点,面临全新的职业时所产生的一些不适应,是人成长过程中的一种自然的反应,是任何一个人都无法回避的过程。正确地分析其规律,进行自我心理和行为的调节,主动融入群体,尽快适应社会,适应职业要求,就可以缩短这一适应过程的时间,将自己塑造成一个职业心理和行为比较健康的社会劳动者。

(三)职业心理适应过程的规律

1. 职业适应性和心理适应性成反比规律

面对一种新职业的学生都有一个工作适应过程,包括了解知识、熟悉业务、锻炼能力、磨合人事,以至于生活方式、生活习惯、处事原则等方面都要适应新的工作需要和周围环境的要求等。每一个人由于自身素质、背景、阅历、能力和岗位等不同而呈现出不同的差异。心理适应性和工作适应性是两个不同的过程，两者发展的走向是成反比例的。工作上适应得越快，心理适应期反而越长。这是因为职业适应越快的人，对自己的期望值往往越高，在充分发挥自己的能力之前，仍然会感到自己施展才华的空间不大，没有得到领导及周围同事的认可。而工作适应过程比较长的人则由于职业素质、职业技能、社会、环境、责任等压力，心理的不适应性相对弱化。因此对职业人更重要的是要使"职业适应"优势尽快转化为"心理优势"，克服一切不良情绪，保持一个平和的心态，发挥年轻人可塑性强的优势，找准自己的定位，用自己的"作为"争取应有的"职位"，发挥自己的心理优势和各方面的技能特长，永远持有一颗"平常心"。

2. 职业适应性和心理适应性具有"凸透镜"现象

对自己是凹透镜的近距离使用——过度放大自我能力和工作成绩，对别人是凸透镜的远距离使用——缩小同事及周围人的工作业绩，藐视他人成绩，并且颠倒成像。这一规律是由于青年学生在校时所学的理论知识与社会实践不匹配，不善于处理人际关系，不善于处理个人事务和公共事务的关系，没有认识到理论和现实之间的差距等原因造成的。为避免出现这一现象，要指导学生从这一规律中经常反省自己，克服认识上的反差，减少职业心理的不适应性，从而尽快融入职业群体中。

三、提高职业心理适应能力的有效途径

（一）职业的4个阶段性

在一个人的职业生涯中，至少有4个时期很容易陷入"认不清自己职业道路"的迷茫之中。第一个时期是14~22岁，在

这个阶段，学生从学校跨入社会，面对职业选择时心理准备不足，缺乏自信和社会经验；第二个时期是 22~28 岁，这时个人进入工作领域，逐渐熟悉了职业要求和周围环境，建立了初步的职业关系网，经过一个时期后，个体开始衡量组织所提供的各种信息，如工作环境、职业种类、薪金待遇等与自己职业梦想是否吻合；第三个时期是 28~35 岁，在这个阶段，个人积累了比较丰富的工作和生活经验，能独立或在别人的协助下承担一定的工作责任，发挥并施展个人的能力，但随之而来的往往是挫折感和失落感的加剧及对目前工作的不满；第四个时期是 35~45 岁，这一时期，有的人可能一直延续自己原有的工作和生活状态，有的人可能转向了另一个自认为更有利于自身发展的新领域。而这时，人们往往更容易产生职业生涯危机。面对以上诸多困惑，有的人感觉无所适从，有的人则能对自我潜力和优势充满自信，挖掘自身积极的、能动的因素，勇于面对现实，塑造一个全新的自我。了解职业心理适应的阶段性，有助于缩短职业心理的适应期。

（二）提高职业心理适应能力的有效途径

1. 调整兴趣和能力的关系

个人的能力水平对个人的活动有直接的影响。了解自己的兴趣和能力所在，尽最大可能使两者达到一致，在心理上就会产生得心应手、游刃有余、自我满足的幸福情感，从而也能更加轻松地完成自己的工作，职业适应能力得到进一步的增强。

2. 避免不良情绪对自己产生过大影响

职业人应注重自己不良情绪的调节，学会合理宣泄，学会诙谐幽默的处事方式，学会转移自己对不良心态的注意力，学会自我暗示等心理调节手段，争取做到无论处在何种对自身不利的环境中，都能将自己的情绪调整到最佳状态。

3. 树立科学合理的自我认知观念

在职业适应初期，职业人对自己往往容易产生过高的期望值，存在一些非理性的观念，导致一些不良心理的产生。只有改变那些不合理、不现实的自我认知，发展更为现实的想法，更为积极的感情，持有更健康的心理，采取更富有建设性的行为，才能减少和消除职业适应过程中的诸多不适，做出更为理性的决定。

4. 调整"自我期望"与"自我现实"之间的差距

"自我期望"与"自我现实"之间往往存在一定差距，在工作中追求尽善尽美的人，往往会表现出一种渴望他人看到、肯定自身成绩的心理态势，而这种心理态势的恶性膨胀，则使人极易做出不理性的行为。追求完美本身不是错误，错误的是忽略自身个性、能力、机遇等条件的限制去一味追求完美。当心里所期望的目标不能实现，就会导致心理失衡，产生很强的挫败感，从而失去自信，造成人际关系紧张，不利于良好职业心理的形成。青年学生只有放弃"完美主义"的不良心态，积极面对工作中的挫折，调整"自我期待"，确立切实可行的实际工作目标，才能在真实的职业生涯中发挥自己的工作潜能，增强对职业的心理适应性。

5. 重视人际交往，讲究人际交往的艺术

在工作和生活中，应克服人际交往中的障碍，努力营造一个积极、宽松、和睦、融洽的工作和生活环境，提高职业心理适应性。人际交往不仅是协调工作和生活中人与人之间的关系、信息交流和沟通最有效的途径，而且也是个人心理健康的需要。个体和个体之间、个体和群体之间、群体和群体之间，既能产生一些协作性行为，也能产生一些相互干扰及相互矛盾的行为，产生一些隔阂和误解，影响个体的身心发展及组织和个人目标的完成。而要消除这些矛盾和隔阂，最有效的途径就是通过人际交往与沟通，使分歧得以统一，达成相互理解，形成共识。因此，青年学生在人际交往中应讲究交际艺术，建立良好的人际关系，克服个性品质中不利于人际交往的一些社交障碍。

6. 克服以"自我为中心"的思想

自我中心者在为人处世中总是从自我兴趣和需要出发，而不替别人着想，这种人很少关心别人，与他人关系疏远，固执己见，唯我独尊，自尊心很强，心中缺乏集体观念，这是自我封闭式的交往，因此要尽量克服，要充分重视集体生活，有意识地多考虑别人的利益和兴趣。

7. 消除多疑心理，改变孤僻性格

多疑者往往猜疑心很重，认为人人都不可信。在工作和生活交往中，有的人总是与众不同，让别人难以接纳，孤芳自赏，自命清高。这是交际中很不利的一种交往障碍。克服的方法是积极投身到群体之中，体验与人交往的乐趣，在尊重别人的同时保持自尊，这样就有望抛掉清高与自卑，摆脱孤僻之苦。应以竞争代替嫉妒，客观地分析他人的优势和自己的劣势，用自己的才智和努力超过对方，以消除交际障碍对职业适应性的不良影响。

第二章 快速融入企业

一所学校正在建设中,有人对现场忙碌的敲石工人问了一个同样的问题,"你在做什么?",却得到了不同的回答。

第一位工人没好气地回答:"在做什么,你没看到吗?我正在用这个重得要命的铁锤,来敲碎这些该死的石头。而这些石头又特别硬,害得我的手酸麻不已,这真不是人干的活。"

第二位工人无奈地答道:"为了每天100元的工资,我才会做这份工作,若不是为了一家人的温饱,谁愿意干这份敲石头的粗活?"

第三位工人眼睛里闪烁着喜悦的神采:"我正参与兴建这所美丽的学校,学校落成之后,会有很多孩子在这里接受教育,走向社会,获得人生的成功。"

那么,你设想10年后,他们之中谁会取得成功呢?

一般来说,职业定位有3个支点,即生存、发展和快乐。新入职的员工很多人都特别关心收入、待遇、办公条件等,这本来无可厚非,但新员工如果仅仅把工作定位为满足生存需要,则其职业生涯很难获得发展,更难以收获快乐。

一个职业人要在自己漫长的职业生涯中获得成功,并且能够快乐工作,那么就必须热爱所从事的工作,对所在的企业必须忠诚。而做到这些的前提是了解行业、熟悉企业。所以,员工对行业、企业的全面了解是非常必要的,越早融入企业越好。这就要求新员工熟悉具体工作任务,在做好本职工作的基础上,还要更早、更全面地了解企业、了解行业,明确自己工作的价值和意义所在,为自己设立短期、中期和长期的发展目标,规划自己的职业生涯。

第一节　提高职业素养

【经典案例】

机遇永远是留给主动出击的人

小周和小王两个年轻人,同时进入一家蔬菜贸易公司。3个月后,小王很不高兴地走进总经理办公室,向总经理抱怨说:"我和小周同时来到公司,现在小周的薪水已经增加了1倍,职位也上升到了主管。而我每天勤勤恳恳地工作,从来没有迟到早退过,对上司交代的任务总是按时按量地完成,从来没有拖沓过,可是为什么我的薪水一点没有增加,职位依然是公司的普通职员呢?"总经理没有马上回答小王的问题,而是意味深长地对他说:"这样吧,公司现在打算预订一批土豆,你先去看一下哪里有卖的,回来我再回答你的问题。"于是,小王走出总经理办公室,找卖土豆的蔬菜市场去了。半个小时后,小王急匆匆地来到总经理办公室,汇报说:"20公里外的'集农蔬菜批发中心'有土豆卖。"总经理听后问道:"一共有几家卖的?"小王挠了挠头说:"我刚才只看到有卖的,没看到有几家,您稍等一会儿,我再去看一下!"说完就又急匆匆地跑出去了。20分钟后,小王喘着粗气再次跑到总经理办公室汇报,"报告总经理!一共有3家卖土豆的。"

总经理又问他:"土豆的价格是多少?3家的价格都一样吗?"小王愣了一下,又挠了挠头说,"总经理,您再等一会儿,我再去问一下。"说完,小王就要向外跑。这时,总经理叫住他,"你不用再去了,你去帮我把小周叫来吧。"

3分钟后,小王和小周一起来到总经理办公室。总经理先对小王说:"你先在这里休息一下吧!"

然后又对小周说:"公司打算预订一批土豆,你去看一下哪里有卖的。"

40分钟后,小周回来了,向总经理汇报:"20公里外的'集农蔬菜批发中心'有3家卖土豆的。""其中两家都是0.90元一斤,只有一家老头卖的是0.80元一斤。""我看了一下他们的土豆,发现老头家的最便宜,而且质量也最好,因为他是自己农园里种植的。""如果我们需要很多的话,价格还可以更优惠一些,并且他们家有货车,可以免费送货上门。"

……

这个故事告诉我们:同样的职场,不一样的人生规划。在职场中,没有人比你更在乎你自己的事业,没有什么东西像积极主动的态度一样更能体现你自己的独立人格。在现在的市场竞争中,企业的发展最终靠的是全体人员积极性、主动性、创造性的发挥。企业所渴求的人才不只是一个具有专业知识的、埋头苦干的人,而更需要的是积极主动、充满热情、灵活自信的人。目前,我国正处于战略转型关键时期,改革与发展的任务日益繁重。广大员工是各项改革的参与者、执行者,改革的成功与否取决于广大员工的响应程度、参与深度和执行力度。一个合格的员工不只是被动地等待别人告诉应该做什么,而是应该主动去了解自己要做什么,并且认真地规划它们,然后全力以赴地去完成,思想产生态度。当一个机遇摆在你面前的时候,你是主动出击、奋力一搏,还是畏首畏尾,任机会从你眼前溜走呢?当机遇出现的时候,每一个具备责任心和主动性的人都会非常自信地面对它,迎接挑战,主动出击。在平时的工作中,我们不能让懒惰的情绪占据我们的思想,应当培养自己的工作主动性,充分发挥自己的主观能动性,尽可能出色地完成任务。

一、良好的个人形象与职业素养

职业人到企业参加顶岗实习的初期给实习单位留下的第一印象非常重要。第一印象是首次形成的对某个人的表面特征、文化教养、性格爱好、心理素质和职业素质等的总体印象,也称首因效应。第一印象好就容易获得他人的信任,工作起步就好;第一印象差,就会出现相反的情况。为此,在新的工作岗位上我们一定要努力树立良好的第一印象。

(一) 参加顶岗实习时需要注意的事项

1. 注意仪容仪表

不同性质的单位对着装有着不同的规范和要求。如在机关单位仪容仪表方面要求端庄大方,在工厂车间应按企业要求穿工作服,而过于时髦的服装、发式与这些部门或车间的工作环境不太协调。因此,要尽量依据工作环境选择服装。

对于刚刚进入企业的职业人来讲,不管从事何种职业,仪表的整体效果要以整洁、朴素、大方为好。记住,第一印象非常重要,会影响到你今后职业的发展。

2. 遵守作息时间,提前到达岗位

上班不要迟到,最好提前到达岗位。这可以给人遵守时间、勤奋踏实的感觉。即使每天你的工作不多,也要利用办公以外的时间多做一些服务性工作,如打水、扫地、整理内务等。

3. 学会自我介绍

进入顶岗实习单位后,就要以职业人的角色出现。说话、举止要成熟、稳重。避免把学生时代的幼稚和羞涩带到工作中。在上班初期,应大方地向领导和同事打招呼、并主动自我介绍。如果你的领导把你介绍给每位同事,你应面带微笑并点头示意,以示尊重。

4. 主动请教师傅和带班领导

在实习工作中,要主动请示领导自己的工作岗位及工作职责。一些单位可能有比较规范的"工作描述"。如果领导没有指派具体的工作,应该主动翻阅与自己工作相关的资料,或向其他同事、师傅请教。如果办公室和工作场所有一些工作是自己力所能及的,在征得领导同意后,应主动去做。

5. 言谈举止得体

刚到一个实习单位,要注意了解单位有关的规章制度。一般单位都有规章制度条例或员工手册等。一些规定,如上班时间不能打私人电话、不能上网等要严格遵守。说话要注意分寸,对领导、师傅要使用尊称,对同事要保持谦虚的态度。行为举止要得体适度,不要过于表现自己,也不要过于拘谨。在工作时间不要聊天,更不要议论他人。

(二) 初入职场的学生应注意培养的职业素养

1. 守信

诚实守信是处理人与人之间关系和经济活动关系的一项最基本的行为规范。诚实就是要言行一致,表里如一,不弄虚作假;守信就是要言而有信,一诺千金,不背信违约。在职业活动中,诚实守信具有十分重要的意义。刚刚走上工作岗位的职业人经常出现令用人单位头疼的诚信问题,对工作心不在焉,随时准备跳槽,一旦找到其他工作,立刻走人,连招呼也不打。一位人事经理说:"我现在对一些学生的做法非常反感,以前都是提前一个月通知不合格的人离职,但结果是第二天就不见人影了。工作不交接不说,连单位的工服、资料也不还,打电话也不接。"

2. 忠诚

这里的忠诚是指对企业的忠诚以及对自己职业的忠诚。当我们选择了一个企业作为事业的起点,我们在这个企业一天,就要努力工作,为企业创造价值。对企业的忠诚是指在企业就职期间,要对组织保持忠诚。尤其是在跳槽之前这段时间的表现,就更能够看出一个职业人的职业道德。

有些人在离职之前,向竞争对手泄露企业或商业机密。还有一些人对工作敷衍了事、得过且过。许多优秀的职业人都能从长远的职场生涯发展考虑,尊重对组织忠诚的价值观,以积累自己的职业声誉。对他们来说,良好声誉比物质利益更重要。

3. 尊重

今天的社会是一个价值观和生活方式多元化的社会。因此,要尊重他人的生活方式和个人隐私。即使知道别人的隐私,也不要到处传播。一些涉世不深的学生由于好奇,喜欢打听同事的隐私。而且说话时口不择言,因此引起上司或同事的反感。在人际交往中,一些敏感话题是不能涉及的,如个人隐私、同事之间的关系、薪资收入等。

4. 负责

如果你希望得到信任,那么就应该先做一个负责的人。优秀的职业人都是责任感非常强的人。一个人在工作中不可能不出现失误与错误,关键是能否主动承认并勇于改正,古人说:"失败是成功之母",说的就是这个道理。总之,一个成熟的职业人都有强烈的责任感做支撑,都有对自己的决策和行为负责的态度。

二、职业化理念与职业素质结构

(一) 职业化理念

1. 基本概念

(1) 职业的定义

职业是参与社会分工,利用专门的知识和技能,为社会创造物质财富和精神财富,获取合理报酬,作为物质生活来源,并满足精神需求的工作。

(2)职业化的定义

职业化,就是一种工作状态的标准化、规范化和制度化,即要求人们把社会或组织交代下来的岗位职责,专业地完成到最佳,准确扮演好自己的工作角色。

2. 基本内容

职业道德、职业意识、职业心态是职业化素养的重要内容。也是职业化中最根本的内容,如果我们把整个职业化比喻为一棵树,那么职业化素养则是这棵树的树根。

(1)职业道德

职业道德是职业人应该遵循的职业道德,如诚实、正直、守信、忠诚、公平、关心他人、尊重他人、追求卓越、承担责任。这些都是最基本的职业化素养。

(2)职业意识

职业意识是作为职业人所具有的意识,以前叫做主人翁精神。具体表现为工作积极认真、有责任感、具有基本的职业道德。

(3)职业心态

职业心态是指在职业中,根据职业的需求而表露出来的心理感情,即指职业活动的各种对自己职业及其职业能否成功的心理反应。

好的职业心态是营养品,会滋养我们的人生,积累小自信,成就大雄心,积累小成绩,成就大事业。有相当数量的人,分不清个人心态和职业心态,凭自己的情绪,用自己的个人心态来对待工作。区分个人心态与职业心态,能够更好地胜任自己职场的要求。

【拓展阅读】

职业化必备的 18 种职业心态

（1）积极的心态。这是职业心态的首位，有 2 个重要的表现：一是不轻言放弃；二是不怨天尤人。塑造积极心态的 12 种方法是：构筑正确的价值评估体系；要有开悟的精神，把生命和生活看透而不是看破；增强抗挫折的耐力；树立正确的思维方法；学会享受过程；活在当下，全身心投入；学会感恩；不要自责，相信自己；学会压力管理；培养远大的志向和宽广的胸怀；培养热爱生活和乐观的生活态度；培养坚定的信念。

（2）主动的心态。职业化员工有 4 件事情要学会主动：一是本职工作要主动；二是协助他人要主动；三是对公司、对团队有利的事情要主动；四是提升能力和素质的事情要主动。

（3）空杯的心态。就是要有谦逊的心态。

（4）学习的心态。就是要有一种"三人行必有我师"的心态，要想着学习是没有止境的。

（5）双赢的心态。例如不同国家人们喜欢娱乐活动反映的精髓：美国人喜欢桥牌——团队合作；日本人喜欢围棋——大局观念。

（6）包容的心态。要学会严于律己，宽以待人。

（7）自信的心态。培养自信心的 8 种方法：破除自卑；开始抬头挺胸；要微笑面对生活；自信心的自我暗示；自信从行动开始；当众发言，学会大声讲话；下定决心；正确地、发展地、全面地看待自己。

（8）行动的心态。凡事都要实践而不只是学会理论。

（9）老板的心态。

（10）方圆的心态。"方"讲的是做人的原则，"圆"讲的是处世的原则。

（11）舍得的心态。即付出与收获。

(12) 反省的心态。反省是成功的加速器。
(13) 服务的心态。内部与外部服务。
(14) 服从的心态。举例黄埔军校校规、校训。
(15) 奉献的心态。奉献是一种道德要求。
(16) 竞争的心态。有2个重要方面,即要有不服输的精神和上进心。
(17) 专注的心态。
(18) 感恩的心态。

3. 职业化行为规范

(1) 强制性和约束力

企业无法对员工职业化素养有强制性的约束力,职业化素养更多地体现在员工的自律上,企业只能对其所有员工的职业化素养进行培养和引导,帮助员工在良好的氛围下逐渐形成良好的职业化素养。

职业化行为规范更多地体现在遵守行业和公司的行为规范,包含着职业化思想、职业化语言、职业化动作3个方面的内容,各个行业有各自的行为规范,每个企业有每个企业的行为规范,一个职业化程度高的员工,他能在进入某个行业的某个企业的较短时间内,严格按照行为规范来要求自己,使自己的思想、语言、动作符合自己的身份。

(2) 做事有章法

职业化行为规范更多地体现在做事情的章法上,而这些章法的来源一是长期工作经验的积累形成的,二是企业规章制度要求的,三是通过培训、学习而形成的,当我们进入一家公司,对公司的评判首先就是对公司员工所表现的行为规范的评判。通常,企业通过监督、激励、培训、示范来形成公司统一的员工行为规范。

4. 职业化能力

（1）胜任能力

职业化技能是企业员工对工作的一种胜任能力，通俗地讲就是你有没有这个能力来担当这个工作任务，职业化技能大致包括两个方面的内容，一是职业资质，学历认证是最基础的职业资质，如专科、本科、硕士、博士等，这通常是进入某个行业某个级别的通行证，二是资格认证，资格认证是对某种专业化的东西的一种专业认证，如会计就必须拥有会计上岗证，其次就是注册会计师资格认证，做精算的就要拥有精算师资格证书，学历认证和资格认证都是有证书的认证，但是在现实中，还有一种没有证书的认证，就是社会认证，社会认证通常就是一个人在社会中的地位，比如你是某个行业著名的专家、学者，即便你没有证书认证，但是社会承认你，这就代表着你在这个行业这个领域的资质。我们也把这种认证称为头衔认证。

（2）职业通用管理能力

职业通用管理能力，每一个人在企业中都不是一个独立的个体，而必须与上司、下属、同事等交往，形成一系列的关系链。在这些关系链中，必然就产生了向上级的工作汇报、向下级的任务分配，以及同事之间的沟通、协作与配合。同时，一个员工还必须对自己进行有效管理，如时间的管理、心态的管理、突发事件的处理等。这些通用的管理能力，是你在生活和工作中都必须具备的能力。通用能力的高低，在某种程度上也决定着你的实际工作能力高低，它与职业资质互为补充，形成员工的实际工作能力。可以这么说，一个职业资质和通用管理能力都比较高的员工，他的整体工作能力一定是良好的。

一个职业化程度高的员工，他必将成为一个非常优秀的员工，一个团体职业化程度高的企业，它必将会成为一个社会尊敬的企业。

今天的企业,不仅仅是强调管理的标准化、管理的制度化、管理的程序化、管理的人性化……员工职业化素养的高低已经成为众多企业日益关注的焦点,养成职业化素养的好员工。

(二) 素质是成功的基础——职业对从业者的要求

当前,各种新老职业对从业者职业素质的要求越来越高,培养和提高自己的职业素质,对从业者职业生涯的成功有着重要的意义。

【经典案例】

从水电工到首席董事

全国劳动模范徐虎当年是上海某房管所的一名水电维修工。通过媒体的报道,徐虎出了名。在上海投资开发房地产的湖南三湘公司指名要徐虎去管理小区,而徐虎所在的西部集团也顺水推舟,干脆成立了徐虎物业公司。由于打出了"徐虎"这张牌,居民对他所在的公司十分信任。据三湘公司总经理说,徐虎公司管得不错,居民都十分满意。有"徐虎"这个品牌,房子卖得也快。据了解,徐虎公司成立后,已先后承接了面积达25万平方米的物业管理。

做最好的自己,最好的方法就是展示自己的风采,做最好的自己,在自己的位置上照样可以闪光。不过,不论我们将要做什么,我们都应该拥有自信,并能尝试为之努力一搏。无论做任何事,只要大胆尝试,积极进取,我们就有机会得到自己期望中的成功。

1. 职业素质的构成

(1) 素质

有人说,素质是一个人的先天禀赋;也有人说,素质是后天学习、培养出来的;还有人说,素质就是一个人的品质。这些说法都从某个侧面说明了素质的特点。

一般而言，先天禀赋是素质发展的前提和基础，它预示着人的发展潜能。通过后天环境影响和教育的作用，人的这种内在的发展潜能，会逐渐转变成相对稳定的内在品质。例如，通过学习思考，人脑会越来越聪慧；人不断地战胜困难，取得成功，就会越来越有自信；运动员经过训练，竞技能力会越来越强，等等。这里的"聪慧""自信"和"竞技能力"都属于人的素质范畴。

总之，素质是人在先天禀赋的基础上，通过环境和教育的影响而形成和发展起来的相对稳定的内在的基本品质。

（2）职业素质及其特征

职业素质是指从业者在一定生理和心理条件的基础上，通过教育、劳动实践和自我修养等途径而形成和发展起来的，在职业活动中发挥重要作用的内在基本品质。例如，爱岗敬业、诚实守信的良好职业道德，团结协作、乐于奉献的合作精神，一丝不苟、精益求精的工作态度，反应迅速、准确判断的思维能力等。

举例说明：画家对颜色的辨别能力、空间的想象能力特丰富等。作家有敏锐的感受力、较强的语言表达能力等。

职业素质具有职业性、稳定性、内在性、整体性、发展性等特征。

职业素质的职业性特征，表现为不同行业的从业者其职业素质有所不同。例如，导游职业要求从业者具有广博的知识和高于一般人的语言表达能力，待人热情，易使人产生好感。同样是服务，交通警察则表现为从严执法、毫不徇情。

职业素质的稳定性特征，表现为从业者的职业素质一经形成，就会经常地、相对稳定地在职业生活中表现出来，并在职业实践中不断得到强化和完善。那些在某种特定条件下，偶有表现的言论和行为是不能称为职业素质的。

职业素质内在性特征，表现为职业素质通常是以潜能的形式存在着，只有在职业活动中才能体现出来。例如，许多著名的专家教授，以诲人不倦的精神、博大精深的学识、严肃认真的治学态度在各自的研究领域享有崇高的声誉，但他们的这种较高的职业素质，在日常生活中往往很难得到全面的展现。

一个学习金融专业的职业人改行搞商品营销，这个职业人在金融方面的职业素质由于没有相应的职业活动就可能显示不出来。

职业素质的整体性特征，表现为从业者知识、能力和个性品质在职业活动中的综合体现。例如，教师的职业素质是教师的文化专业知识、教育教学能力、忠诚教育事业、热爱学生、为人师表等职业道德在教育教学活动中的综合表现。教师的职业素质体现在日常教育教学活动之中，不仅要教书，而且要育人；不仅要传道、授业，而且要解惑；不仅要做到学识广博，而且要做到师德高尚。一个只管教书，不管育人的教师很难受到学生爱戴。

职业素质的发展性特征，表现为随着社会发展和科技进步，对从业者的素质要求越来越高，同时，从业者也要随着职业的演变而不断提高自身的素质。

【经典案例】

焊痴小秦：焊坛"80后"

小秦从一所技校的焊接与装配专业毕业后，就职于中华造船集团有限公司。这位"80后"，不管是酷暑严寒还是日晒雨淋，总是拿着一把焊枪勤学苦练。为了学好技术，他常常连续几个小时埋头练习，直到电焊烫的握不住才罢手，甚至在吃饭时，也会拿着筷子模仿焊条在空中比划，"焊痴"由此得名。

不断地钻研与追求，使小秦在实际操作中提高了自己的焊接本领，并创立了一套独特创新的仰板焊接方法，在艰苦的船舶焊接领域创造出了属于自己的辉煌。小秦凭借这一绝活,在上海船舶工业公司选拔赛上以第一名的成绩胜出,并在中国船舶工业集团公司焊接比赛中勇夺第一,将"中国船舶公司技术能手"美誉收入囊中。面对荣誉的接踵而至与焊接技术的不断提升,小秦并没有居功自傲,而是加倍努力,主动承担起各种高、难、险、急的焊接任务。他在参加国家和地方各级焊接比赛中一路过关斩将,摘金夺银,成为中华造船集团有限公司最年轻的焊接高级技师、专家型人才、"全国技术能手",同时,他也是集团内获得由权威认证机构法国 GTT 公司颁发的殷瓦焊接 G 证的第一人。

从一名普通技校生成长为高级技师和"全国技术能手",成功的光环背后,小秦付出的汗水是常人难以想象的。即使是在担任了生产组长后,他也十分注重整个团队水平的提高。在他的带领下,他们班组先后被评为上海市"新长征突击队"和上海市"青年安全生产示范岗"。

具备良好的专业素质,与社会同步发展,这是时代发展的要求。我们应该从现在就开始注重自我专业素质的培养,提高我们的专业技能,这是我们起飞的翅膀,这是我们成功的基石。

2. 专业技能素质

专业技能素质,是指从业者从事某种职业活动掌握和运用专业知识、专业技能的状况和水平。

专业技能素质是通过内化专业知识和掌握专业技能而形成的。专业技能的形成是以专业知识的理解内化为基础的。而专业技能又是实际运用并不断获取专业知识的必要条件。从业者只有拥有了扎实的专业知识和熟练的专业技能,才能有效地拓展自己的生存空间,增强自身的竞争实力,实现人生价值。

3. 身体心理素质

我们每个人都有自己的职业理想,正确的职业理想是引导我们职业追求的灯塔。因为有理想,我们更懂得珍惜现在,充实生活;因为有理想,我们面对困难,虽苦犹甜。然而,在选择职业时,我们了解自己吗?我们是否对即将从事的职业感兴趣?我们的个性特点是否和理想职业相一致?只有充分了解职业的特点,了解自己是否具有和相应职业一致的职业心理素质,我们才能合理规划职业生涯,实现自己的职业理想。

身体心理素质,是指从业者在职业活动中身体各种机能的状况和水平以及承受挫折、适应环境、调节自我的状况和水平。

身体素质,是指人体在先天遗传和后天影响的基础上所形成的体格和精力等相对稳定的基本品质。

心理素质,主要是指人的个性心理品质,包括性格、气质、兴趣、能力等。一个人承受挫折、适应环境、调节自我的能力,反映了他的心理健康的水平。身体健康和心理健康的状况制约着其他职业素质发挥的程度。

职业心理素质,是指从业者认知、感知、记忆、想象、情感、意志、态度、个性特征(兴趣、能力、气质、性格、习惯)等方面的素质。心理素质的强弱直接影响着人的自身发展、活动效率以及对环境变化的适应程度。在当前就业形势十分严峻、竞争非常激烈的情况下,培养良好的心理素质成为走向社会的关键一步。

第二节 融入企业文化

员工了解、学习企业文化并不是最终目的,最终目的是践行、融入企业文化,真正与企业同心同德,实现共同发展。

一、把握本企业的文化精髓

新员工在了解、学习本企业文化时,要注意把握企业文化的精髓,找到企业文化的个性之所在,揣摩企业的精神、价值观念、经营理念、工作信条等与其他企业的差异。更重要的是,找到企业文化与自身价值观的共鸣之处,在心灵深处与其融合。

把握企业文化的精髓看起来似乎很容易,但做起来并不是那么简单。通常,企业的使命、愿景、核心价值观及其指导下的诸多工作理念已经由相关人员概括并通过各种途径传达给员工了,但员工在深入理解企业文化内涵的时候,还要注意以下几个方面。

(一)了解企业创始人

通常,企业文化基干的奠定者是企业的创始人,创始人个人的理念、价值观与工作风格对企业文化的影响非常深远,只有了解企业的创始人,才能真正了解一个企业的文化精髓。

(二)了解企业发展历程

一个企业能够持续存在、不断发展,肯定有其管理、业务或团队建设等各个方面的独到之处,而这些内容都集中展现在企业的发展历程中。员工只有了解企业的发展历程,才能真正理解企业的文化基因,把握企业文化精髓,对企业"凭什么走到现在"有一个自己的答案。

(三)了解企业的标志性、历史性事件

通常,企业发展并不是一帆风顺的,而是充满了曲折甚至危机。企业发展过程中的一些标志性、历史性事件往往会对企业文化的形成产生关键性的影响。员工要想把握企业文化精髓,就必须要注意了解企业的这些标志性、历史性事件。

二、将企业文化融入工作、生活

员工在把握企业文化的精髓后,就要将其融入自己的工作、生活之中,从而达到践行企业文化的目的。一般来说,员工可以通过以下方式将企业文化与自己的工作、生活进行融合。

(一) 要有敬业意识

正所谓"爱岗敬业",敬业总是与爱岗联系在一起。员工在工作中,要做到敬业,首先就要爱岗,对工作要有责任感、事业心,追求职业理想,恪尽职守、精益求精。

(二) 要有服务意识

作为企业中的普通员工,可能不直接面向用户,但是也要时时刻刻从用户的角度出发,做好自己的本职工作,一切以服务于用户的价值为依归。

(三) 要有工匠精神,树立质量意识

作为一个普通的员工,要热爱自己的工作岗位,秉持工匠精神,对产品持续不断地推敲、打磨、优化,矢志于追求卓越的品质,致力于打造伟大的产品。工作中有了问题,要刨根问底,通过各种方法将每一个问题研究透,把工作做到极致。

(四) 要有规则意识

作为一名员工,要发自内心地以规则作为自己的行为准绳,做到遵守法律、遵守社会公德、遵守企业的规章制度。

(五) 要有团队意识

作为一名员工,同时又是组织团队中的一员,只有团队的成功才能实现个人的更大价值。因此,要关注团队的一切,始终与大家心往一处想、劲往一处使,最终实现团队的目标。

除了这些常见的方式,员工还可以根据企业文化的要求,制定自己独特的学习规划,不断将自己的思维、行动与企业文

化融合，践行企业文化，最终成为企业大家庭的一分子。

【经典案例】

  小李毕业后到一家汽车公司的生产线上做了一名操作工，负责其中一个部件的安装。在实际工作中，他发现公司新投产的一种自主生产的汽车零部件的样子不太好看，如果换个新的样子会更好。于是，他便想向班组长反映，但又觉得自己人微言轻，有点忐忑不安，此时他想起了入职后听到的一个关于公司总经理的故事。

  据说，公司总经理曾经带着研发人员到日内瓦出差。忙完白天的事，吃过晚饭之后，大家以为可以好好休息一下了，有的准备打牌，有的准备看电视，没想到他却突然要求大家紧急集合，集体外出。

  众人不禁喜出望外，以为是老板请大家出去玩，没想到总经理带着大家直接到了大街上去"盯车"。

  在璀璨的霓虹灯下，总经理给大家布置了一项任务。那就是盯着大街上来来往往奔跑的汽车，看着它们的外形，估计它们的参数，反正就是想怎么看就怎么看，然后回去交一份盯车心得，之后还要开会集体讨论，看有没有公司可以借鉴的地方。

  当时公司正在进行一个重点产品的集体攻关，在他的督导下，日内瓦街头那些造型流畅、时尚大气的轿车都成为研发人员的现场老师，研究人员在大街上盯着一辆辆过往的汽车，激发着自己的思路。回国后，大家很快就在设计上有了突破，而那款产品也成功将公司的品位提升到了一个新的层次。

  小李一想到这个故事，就觉得以总经理为核心的公司管理层应该不会嘲笑自己的看法，便向主管领导汇报了自己的设想，很快得到了公司管理层的回应。经过探讨后，大家一致认定采纳小李的设想。

很明显，小李入职之后，学习企业文化并没有浮于表面，而是深入把握企业文化的精髓，通过一则故事把握了公司总经理个人的工作风格，便在工作实践中积极响应这种风格，大胆向上级领导提出了自己的设想并得到了积极回应。这既是一种敬业意识，也是在工作中实践企业文化的成功案例，同时还是企业文化良性循环的表现。

第三节　把握市场

一、实物型产品

(一) 产品本身

对员工而言，产品知识所涵盖的范围是非常广泛的，它是指生产一件产品所需要知道的各种知识。通常，员工需要从以下方面了解和产品有关的知识。

1. 产品的基础知识

产品的基础知识包括 4 个部分。一是硬件部分，主要指产品的性能、品质、材质、特点、制造方法、重要零件、附属品、规格、改良点及拥有的专利等。二是软件部分，主要指产品的设计风格、色彩、流行性、前卫性、包装等。目前，市场上同类产品功能趋于雷同，实物产品的销售和竞争重点已经逐渐转移到"软件"上来。三是使用知识，主要指产品的使用方法，如用途、操作方法、安全设计、物流状况、保修年限、维修条件、购买程序等。四是交易条件，主要包括产品的定价方式、价格条件、交易条件、物流状况、保质年限、维修条件、购买程序等。

2. 产品的外围知识

产品的外围知识主要包括竞争产品的情况、市场行情的变动状况和市场的交易习惯、客户的关心点、相关法律法规的规定事项等内容。

3. 产品的诉求重点

产品若想有效地打动客户,必须有自己的诉求重点,即产品的市场定位、特有性能、满足客户的需求点和能给客户带来的利益点等。

(二) 获得产品知识的渠道

获得产品知识主要有以下 4 个渠道。

1. 通过阅读获得信息

通过阅读产品说明书、设计图、企业内部资料、企业制作的产品宣传资料、新闻媒体刊载的资料、产品包装上印制的说明、专业网站的相关产品介绍等,员工可以掌握产品的基本知识,如产品用途、外观、技术、保存方法等。

2. 通过相关人员的介绍获得信息

员工可以通过企业相关部门人员、竞争者、客户等渠道获得产品的相关信息。

3. 通过员工自己的实践积累

员工也可以在工作过程中积累产品知识,包括工作过程中的心得、客户的意见和建议等。

4. 通过参加产品说明会获得信息

参加产品说明会也是了解产品的一个途径,一些企业经常通过这种方式介绍产品。

另外,员工在掌握产品知识的过程中,还要不断总结归纳,达到能够用简练的语言陈述出产品的特点、特性的目的。

二、服务型产品

有些企业,如家政服务公司、培训服务公司、旅行社等,它们是以输出服务为主营业务的,服务项目就是它们的产品。

服务行业的产品(主要是服务)更为强调在"软件"上的区别。例如,广告行业若想在多家同类型企业中脱颖而出,则更多地取决于企业的外部形象、品牌形象和艺术风格,这时候要的就是特色和准确的定位。

因此,员工必须对本公司产品的"软件"有深入的了解,并且让自己的工作活动与企业的意图保持一致。

第四节 遵守企业制度

一、学习人力资源管理制度

人力资源管理制度是企业非经营性管理制度中与员工关系非常密切的制度规范。科学合理的人力资源管理制度,能体现人力资源管理的需要和员工的个人利益需求,使管理工作按照一套严格的规划及操作程序合理运转,达到人力资源管理中人与事、人与组织以及人与人之间相互协调的目的。同时,完善的人力资源管理也是企业组织高效运转的保证。

企业人力资源管理制度的内容一般包括员工招聘录用制度、员工培训制度、考核制度、薪资福利制度、考勤休假制度、离职制度等。

员工在工作中要对企业的人力资源管理制度有一个基本的了解,对与自己切身利益相关的规则更是要深入学习,以保护自己的合法权益。

二、业务管理制度

业务管理制度是指企业为保证经营过程中的生产、采购、销售等各项业务的正常运行,依照相关法律、政策而制定的具有法规性或指导性及约束力的应用文。企业制定的其他制度,如行政制度、人力资源管理制度、财务制度，都是为经营活动而服务的。如果业务管理制度制定合理且目标明确，将有利于其他制度发挥更佳的作用。

企业的业务制度在不同性质和行业的企业中会有不同，如项目运作型企业的业务制度就以项目管理为主，商品经销型企业的业务制度就以营销管理为主。企业常见的业务制度有产品生产管理制度、项目开发管理制度、销售业务管理制度、采购业务管理制度、仓储管理制度等。

员工要根据自己的岗位和职业发展规划，学习企业的各种业务管理制度，以快速融入企业的各项业务中去，这是员工熟悉工作必然要经过的一个步骤。

三、学习安全管理制度

《中华人民共和国劳动法》规定："用人单位必须建立、健全劳动安全卫生制度，严格执行国家劳动安全卫生规程和标准，对劳动者进行劳动安全卫生教育，防止劳动过程中的事故，减少职业危害。"可见，安全管理制度的学习既是员工的一项义务和权益，也是国家对劳动者的一种保护措施，通过学习安全管理制度，员工可以预防事故的发生，减少各种职业危害。

因此，员工在入职前必须参加安全教育培训，学习各项安全管理制度，保护自己和他人的人身安全，防止事故的发生。

四、学习财务管理制度

财务管理制度是企业依据《中华人民共和国会计法》《企业会计准则》等法律、法规，并结合公司具体情况制定的系列制度，其内容一般包括预算管理、资金管理、财务分析决策管理、投融资管理、资产管理、负债与所有者权益管理、成本管理、收入利润管理、审计管理、税务管理、并购与清算管理等，可以说是一个非常庞大的体系。

员工学习财务管理制度并不是要像企业财务人员一样熟悉各项财务细则,而是要有选择地学习、了解一些与自己相关的财务规范,如如何认识发票、开具发票、财务报销等。企业通常都会有相关的培训,员工要注意学习,不能违反相关制度和规定。

第三章 快速熟悉岗位

第一节 企业岗位环境分析

进行全面的企业岗位环境分析是职业人"知彼"的核心，毕竟你所选择的这个组织（企业）将与你息息相关。况且，在就业面试过程中，考官一般都会比较欣赏那些对本行业、本企业有一定了解的有心人。组织环境分析包括行业环境分析和企业环境分析。

每个企业都有自己的优势和劣势，每个同事都有独特的优点和缺点，要多看到企业能够给你的一面，看到企业和周围同事能让你学到的东西，这样就会干劲十足。最重要的是学会忍耐，千万不要用你的习惯去改变环境，而是要学会入乡随俗，适应新的环境。不管进入的公司如何，你只有两个选择：要么在忍耐中逐步快速融入，快速了解公司环境、上级、同事，在企业对你认识和了解后，找到你适合的位置。要么就是走人。在竞争如此激烈的今天，在自己还没有任何工作经验的时候，显然，前者更加可行。所以，要学会磨练自己的心理素质，包括认知素质、情感素质、意志素质与个性素质。在这些素质中，认知素质影响人的智力发展水平、思维水平，情感素质、意志素质影响个人的成就动机、情绪的管理水平，个性素质影响人的气质和人格特征。

组织（企业）环境分析对于刚进入社会的职业人生尤为重要。职业人在选择组织（企业）时有必要通过各种途径可能获得的企业信息的一切渠道，比如，可以通过公司所在地的新闻出版机构的新闻线索，来了解该组织（企业）产品及服务的详细情况和富有深度的财政经济状况；通过有关书籍和企业发展史、当地各种商业活动、企业人物获奖的细节也能了解到可供参考的资料信息；公司的网站上介绍公司价值观念的那些主页也会透露一些企业文化的有关线索；至少还可以通过参观或参加面试时的谈话资料和知识背景来充分了解和考虑各种因素。

企业环境分析包括：用人单位的声誉和形象是否良好，组织（企业）实力怎样，在本行业中的地位、现状和发展前景怎样，所面对的市场状况如何，产品和服务在市场上的发展前景怎样，能够提供哪些工作岗位，是否适合自己，有无良好的培训机会，企业领导人怎样，企业管理制度怎样，是否先进开明，企业文化是否与自己吻合，福利待遇是否完善等若干方面，具体内容如下。

一、企业实力

企业在社会中的地位和声望如何？企业目前的产品、服务和活动范畴是什么？企业的发展领域在哪些方面？发展前景如何？战略目标是什么？技术力量和设施是否先进？在本行业中是否具备很强的竞争力？是发展扩张，还是倒退紧缩，处于一个很快就会被吞并的地位？谁是竞争对手？企业目前的财政状况如何？要仔细观察是真正在"做大""做强"，还是空有其壳？有没有长久的生命力？企业的组织结构是怎样的？是扁平的还是等级制的？等等。

二、企业领导人的抱负及能力

企业主要领导人的抱负及能力是企业发展的决定性因素。而且个人在职场的运气很大一部分来自于你的老板。很多成功的大企业都有一位出色的企业家作为掌舵领航人。当然炒老板鱿鱼也是职场的一道家常菜。因此，要了解企业主要领导人是真心要干一番事业，还是想捞取名利？管理是否先进开明？他有足够的能力带领员工开创新天地吗？他有没有战略眼光和措施？他尊重员工吗？

三、企业文化

除了很好的福利、吸引人的薪酬、舒适的工作环境和出色的管理之外，优秀的企业还会创造积极的企业文化，让员工感到快乐和受尊重，而使员工工作更有创造性。员工与企业相互配合是否良好的关键在于企业文化。因此，职业人在求职时选择什么样的企业文化氛围让你觉得能够非常适应，才是至关重要的。

企业制度涉及的范围比较广，包括管理制度、用人制度、培训制度等，尽可能了解这些信息，了解企业在组织结构上的特征与发展变化趋势，分析这种安排对自己的未来可能带来什么样的影响。特别要注意企业用人制度如何，能否提供教育培训机会，提供的条件是什么？自己将来有没有可能在该企业担任更高级的职务或担负更大的责任？个人待遇提升的空间有多大？是基于能力还是工作年限？企业的标准工作时间怎样？是固定的还是可以变通的？当然也还要考虑企业提供的薪酬和福利待遇与行业内其他公司比较如何？

总之，通过以上分析，职业人在就业前应理出一条清晰的线索，确定自己的职业生涯在这个企业中有没有足够的发展空间，衡量自己的目标能够在该企业得以实现的可能性。

四、用工企业对职业人的素质要求

我们知道，职业人具有自理、自律能力，学习、发展能力，交流表达能力，团队合作能力，动手能力，评判创新能力，信息技术应用能力，刻苦耐挫能力，应急应变能力的职业素质，特别是近年来,由于职业人动手能力强,能很快适应企业岗位的需要,深受企业的青睐和用人单位欢迎,就业率居高不下,企业对职业人的素质要求体现在如下几个方面:

第一,"吃苦+敬业"。据调查,企业的用人理念都是"做人比做事更重要"。如果从职业技能的掌握程度来挑选人才,企业大可从社会上招聘熟练工,人力资本也比较节省。他们认为,企业用工首先考查员工职业素质,因为职业素质才是一个人可持续发展的基本要素。因此,企业建议学校教育要突出德育,从讲诚信、讲卫生、讲礼貌开始,贯穿职业人所有工作中。为此职业人要提高自身的综合素养:一是吃苦精神,否则再好的技术也是无用的;二是良好的职业道德,对企业要学会感恩,不随意跳槽;三是敬业精神,在工作岗位上恪尽职守,尽心尽力,将本职工作做好。

第二,"合作+强技"。调查表明,对于企业来说,要求职校生必须具备一定的专业基础知识、稳定的心态、良好的沟通能力、适应新环境的能力、与人合作的意识。像自动化生产企业,有别于传统制造产业的操作工,需要技术员能够操作全自动化设备、分析异常情况并及时处理。企业更渴望看到综合素质良好,特别是工作态度积极认真、抗压能力良好、有高度自律性的人才。

第三,"态度+责任心"。所有用工企业都认为,现代企业现场作业人员的工作态度与责任心是关键。一线作业人员的素质直接关系着企业的品质、企业的生命。因此,他们认为,强烈的责任心、良好的工作态度、团队合作精神及沟通能力,是职业人成长为一名优秀的员工必不可少的素质。此外,企业很强调员工对企业的忠诚以及员工为企业发展贡献的能力。这种能力从低处看,是良好的技能或是技术;从高处看,就是创新能力。

第四,"学习+创新"。有两类人才对企业的发展至关重要。

第一类是技术创新型人才,因为产品研发极为重要,没有创新、没有新的发明,企业就不会有更大的发展;第二类是可以参与经营决策的高层管理人才,管理型人才对于素质要求最全面,这种素质是员工从底层开始经过一个个岗位的锻炼形成的。因此,职业人要培养自身的核心能力,一是不断学习的能力,二是在实践中不断总结反思的能力,三是创新的能力。

第二节 岗位的内容

一、岗位基本信息

员工可采用6W1H方法获取自己岗位的基本信息。6W1H是Who、(for)Whom、Why、What、Where、When和How 6个英文单词的首字母缩写,是企业人力资源部门在制定工作说明书时广泛采用的方法。如果员工能够通过6W1H方法对工作岗位有全面、清晰的认识,了解自己的职责所在,判断自己是否能够胜任将要从事的工作,将对下一步工作做出很好的铺垫。

虽然企业的岗位信息中一般不会完全包含6W1H的各项要素,但员工仍然可以从其岗位职责描述中了解将要从事的主要工作内容,从而对工作岗位作出初步评估。

二、了解岗位职责和工作任务

通常,企业根据岗位工种确定岗位职务范围,并且根据工种性质确定岗位使用的设备、工具,规定相应的工作质量和效率,明确岗位环境和确定岗位任职资格,确定各个岗位之间的相互关系,然后根据岗位的性质明确实现岗位目标的责任。

岗位职责描述既对员工提出具体的工作要求,也向员工描述其从事的主要工作内容和所具备的责任权限。

为确保工作质量,尽快熟悉工作岗位,在企业中,新员工可重点从质量管理五大要素中了解岗位职责和工作任务。

（一）人

即本岗位对人员掌握的知识、能力，以及工作态度、工作纪律等方面的要求。新员工应认真对照，并找出自己与该岗位工作要求的差距，以期在今后的工作中明确努力方向，制订学习计划，尽快适应岗位工作需要。

（二）机

即本岗位工作中需要使用的设备、工器具。新员工要认识这些设备、工器具，并认真学习操作规程、使用方法、维护保养方法等，尤其要注意掌握设备、工器具使用的安全须知，避免在今后的工作中发生设备故障，给企业造成损失。

（三）料

合格的原料才可能生产出合格的产品。新员工对今后工作中要使用的原料、材料要进行了解，尤其是对物料的质量标准、标识方式、质量验收方法、存放注意须知等要有基本的了解和认知。

（四）法

即方法，就是具体的岗位作业指导书、操作规程、工艺标准等。岗位作业指导书的具体内容是明确岗位工作正确的操作要求、操作步骤、注意事项等。通常，企业各个岗位都编有岗位操作规程，附在"岗位职责"之后。新员工在上岗之前，一定要详细阅读本岗位的操作规程，在导师的指导下了解岗位的操作要求、操作步骤和注意事项，争取早日熟悉岗位工作。

（五）环

即环境。新员工必须尽早熟悉自己的岗位工作环境，如工作场所的设备设施位置，现场的卫生、安全要求，工具等物品的摆放要求，还要特别留心现场的安全警示、标志、水闸、电闸、消火栓等的位置。

三、了解岗位工作关系

岗位工作关系主要指的是各岗位在企业内外部的沟通关系。在企业内部要明确本岗位与企业的其他岗位，如上级、平级之间的工作关系。在企业外部要明确本岗位与社会上的其他单位，如相关政府部门、上下游或关联企业、客户企业、社会团体、学术单位等之间的工作关系。员工对自己岗位的工作关系务必清楚、明了，以备后续的工作沟通。

四、了解岗位衡量标准

岗位衡量标准是企业制定的各项工作职责应该达到的要求，是衡量工作是否实现一定的组织职能或完成工作使命的评价工具。通常，企业针对某项职责的考核内容为2~3项，而且都是一些容易量化的指标，如完成的工作量、要求完成的时间等。员工对自己的岗位衡量标准要十分熟悉，牢记在心，以免出现不能达标的情况。

五、岗位发展潜力

一方面，员工应该了解自己工作岗位的发展潜力，包括薪资福利、晋升空间、与个人职业生涯规划的吻合程度、该岗位人才稀缺程度、该岗位在公司的重要程度、对个人能力素质的提高程度、自我价值的体现程度等。另一方面，根据个人在组织中的职业发展道路，可从纵向及横向两个维度评价个人岗位在组织中的职能变动与职级变动。

从横向来看，个人可以在同一级别从事不同职能的岗位。在评估工作岗位的横向发展潜力时，要看该岗位的专业性是否很强。相对而言，财务岗位具有比较强的专业性，所以，从事财务工作的人员向人事行政岗位转换比较容易，反之则比较困难。

从纵向来看,岗位可以晋升至不同的级别,一般要按照专员→主管→经理→总监的道路由基层向中高层发展。员工在面试时要对岗位的晋升道路有清晰的认识,以便更好地规划个人职业生涯。

每个人成长发展的过程就是一个与外界相互沟通的过程。沟通的过程,实质是一个人的意识、思维方式、习惯及观念改变的过程,就是人生发展的转换过程。沟通是人的一种关键能力。善于沟通的人,他的人生就会顺畅而辉煌,即使遇到挫折,也能借助各方面的力量化解矛盾,战胜困难;而不善沟通的人,即使有较高的天赋,他的人生也会错过或失去许多机会,难以成就一番事业。

第四章　学会人际沟通

第一节　沟通基础理论

沟通原意为挖沟使两水相通,后延伸为彼此通连、相通。它是为了一个设定的目标,把信息、思想和情感在个人或群体间传递,并且达成共同协议的过程。沟通有三个要素:要有一个明确的目标;达成共同的协议;沟通信息、思想和情感。沟通就是信息传与受的行为,发送者凭借一定的渠道,将信息传递给接收者,并寻求反馈以达到相互理解的过程。

沟通与人生发展息息相关,它已成为21世纪最强的能力之一。现代沟通学把沟通分为自我沟通、人际沟通、职场沟通、公共沟通、群体沟通和大众传媒沟通等。良好的沟通能减少误解,使自己办事更加有条理,获得更佳更多的合作,也能提高自己进行清晰思考的能力,更好地实现自己的人生目标。

一、沟通常见模式

(一)沟通漏斗

这呈现的是一种由上至下逐渐减少的趋势,因为漏斗的特性就在于"漏"。对沟通者来说,是指如果一个人心里想的是100%的东西,当你在众人面前、在开会的场合用语言表达心里100%的东西时,这些东西已经漏掉了20%,你说出来的只剩80%了。而当这80%的东西进入别人的耳朵时,由于文化水平、知识背景的关系,只存活了60%。实际上,真正被别人理解了、消化了的东西大概只有40%。等到这些人遵照领悟的40%具体行动时，已经变成20%了。

（二）沟通金三角

这反映的是一种换位思考的思维模式。在三角形的底端，"自己"和"对方"在两边说话，你谈你的事儿，我谈我的事儿，这种沟通只是在对话，是不会成功的；只有在金三角的顶端，双方采用换位思考的方式，使谈话双方都站在对方的角度上，设身处地地为对方考虑，才能真正体会彼此的意思，也才能实现成功的沟通，所以沟通的关键在于换位思考。

（三）沟通的冰山模式

这反映了两个人或者两组人在谈话时，谈的是同一个话题，但是大家说出的内容只是冰山露出水面的部分，而对方真正想表达的东西大部分隐藏在水面下。冰山露出水面的部分只占整个冰山体积的5%~20%，隐含在水面以下的冰山体积，即对方真正想说却没说出的内容则占到80%~95%。

二、影响沟通的因素

影响沟通的因素既有主观因素，又有客观因素。

（一）需要是沟通的原动力

内在需要是一个人产生动机的根本原因，是激发、调动人积极性的原动力。

需要是一种缺乏状态，这种缺乏状态是生活中不断出现的内部状态，表现为自动平衡的倾向性，它分为生理上的缺乏和心理上的缺乏。个体会因各种需要而形成沟通的主体意识。

（二）感知能力

人们感知外部世界的方式在他们的思维过程中起着至关重要的作用。每个人都会依据自己的印象、先前的经验和企望以迥异独特的方式生产思想，即对信息的加工，而这种信息加工本身会影响沟通的过程。当说话人与听话人的大脑的相同区域都处于兴奋状态的时候，两个人就会产生"共鸣"，也就是同频道沟通。假如出现关闭频道、争夺频道或频道分叉等情况，就会使沟通无法顺畅甚至无法实现。

（三）气质、性格

气质是人与生俱来的独特心理特征的总和。无论是多血质、胆汁质、黏液质和抑郁质，都从不同侧面反映了每个人特有的心理特征和气质类型，都会对人的沟通产生重要的影响，如多血质的人活泼好动，说话直来直去，让人一见如故，但也是最容易伤害他人，很少考虑对方的感受，伤害了别人自己还不知道。一般来说，气质表现为：老实、粗暴、活泼、文静、精力充沛、好奇心、脾气好、胆小、大胆、痛快、沮丧、稳重、麻利等方面。由于人的气质很难改变，所以在沟通过程中，应了解对方的气质特征或表现，有的放矢地进行沟通。

性格是人比较稳定的对现实态度习惯化了的行为方式。我们可从不同角度把人的性格分为内倾型和外倾型，理智型、情绪型和意志型，以及独立型和依赖型等。性格一般表现为：喜怒哀乐、思考问题、判断、创造、爱管闲事、漠不关心、随和、开朗、优越感、自卑感、自信、细心、粗心、敏感、迟钝、神经质、忍耐力、见异思迁等精神活动。不同的性格影响甚至决定了人的沟通方式与范围，也直接影响着沟通的结果。

（四）情绪状态

人的情绪状态会过滤吸收和输出的信息。人们的情绪状态能左右接收和传送信息的方式，还直接影响到信息的接收和理解的方式。快乐、愤怒、忧虑、嫉妒、悲伤、仇恨、希望等情绪状态都会产生不同的沟通结果。

（五）性别

男女大脑的结构有一定的差别，这种差别也影响着各自的沟通方式。男性大脑的语言和视觉结构似乎彼此联系较少，而女性则不然。女性具有较强的整合视觉和语言的能力。这意味着男性可能长于集中精力处理个别事物，而女性则更能通观全局。男性大脑内控制侵略性的区域较活跃，而女性控制情感的区域影响力较大。这使得男性在沟通中更具有竞争性而女性则更易于合作。

三、沟通的层次

按照沟通效果，可把沟通分为3个不同的层次：一是沟而不通。沟而不通是由于各种沟通障碍造成的。沟通障碍包括高高在上、自以为是、偏见、不善于倾听以及缺乏必要的反馈与沟通技巧等情况。二是沟而能通。沟而能通当然是人们喜闻乐见的情况。误会也好，分歧也好，只要沟而能通，都不是问题。三是不沟而通。不沟而通是一种高超的艺术。高度的默契便是不沟而通。有时候人们不需要说话，光靠眼神、动作就能传达意思。

【经典案例】

火　攻

赤壁之战时，"一阵风过，刮起旗角于周瑜脸上拂过。瑜猛然想起一事在心，大叫一声，往后便倒，口吐鲜血"，只有诸葛亮知道周瑜的心病，开出"欲破曹公，宜用火攻；万事俱备，只欠东风"的药方，这也是不沟而通的例子。

当然，我们不可能都像诸葛亮那样聪明，但是要想做到不沟而通，却也不是毫无章法可循。不沟而通的关键在于双方的默契，而要建立默契，就要关注对方，随时随地注意对方的举动，不依赖对方的言语表达，而是主动地捕捉对方的肢体语言。毫不关心对方，不注意观察对方的举动，当然无法不沟而通。

心意相通，自然不沟而通。

第二节 职场沟通的基本技巧

一、职场沟通的作用

职场沟通是职业发展所必需的一项重要技能。有人做过统计，企业中约75%的工作停顿、发生问题是因为沟通的问题。管理上有一个著名的双50%理论，即经理人50%以上的时间用在了沟通上，如开会、谈判、指示、评估。可是，工作中的50%以上的障碍都是在沟通中产生的。决定职业人士个人业绩的3个关键因素是态度和知识和技巧，三者相加即是能力。一个职业人士所需要的3个最基本的技巧是沟通技巧、时间管理技巧和团队合作技巧。

【经典案例】

群体沟通的作用

某服装公司决定加快工艺流程改造，并进行工艺重组。但以前在工艺重组时，工人的反应非常强烈，对工艺的改动持敌对态度。为了实施计划，公司管理层采用了3种不同的策略：

策略一，与第一组工人采取沟通的方式，向他们解释将要实行的新标准、工艺改革的目的及这么做的必要性和必然性，然后，给他们一个反馈的期限。

策略二，告诉第二组工人有关现在工艺流程中存在的问题，然后进行讨论，得出解决的办法，最后派出代表来制定新的标准和流程。

策略三，对第三组工人，要求每个人都讨论并参与建立、实施新标准和新流程，每个成员全部参与，如同一个团队一样。

结果令人惊奇。虽然第一组工人的任务最为简单，但结果是生产率没有任何提高，而且对管理层的敌意越来越大，在 40 天内有 17% 的工人离职；第二组工人在 14 天里恢复到原来的生产水平，并在以后有一定程度的提高，对公司的忠诚度也很高，没有人离职；第三组工人在第二天就达到原来的生产水平，并在一个月里提高了 17%。对公司的忠诚度也很高，没有工人离职。这说明，良好的沟通可以下情上传、上情下达、互相理解、增进感情，精诚合作，实现管理目标。

二、职场沟通的基本技巧

（一）树立良好的第一印象

初入职场，给领导和同事留下美好的第一印象十分重要。良好的开端是成功的一半。只有从第一次开始努力就使自己的各方面都表现完美，才能避免"一着不慎，满盘皆输"的局面，达到一鸣惊人的效果。实际上，你会遇到很多第一次，如果做得好，很容易在较短的时间内融入集体氛围。第一次与同事会面，要坦诚、热情，不卑不亢。初次见到上级，与其低头行礼，不如和对方握个手，握手时应让上级先伸手，自己面带微笑，礼貌地注视上级，握手时要有力（但不可过度用力）。在与人交往时，机智的反应和充足的准备也是很重要的。

当然，我们也应懂得，第一印象有时会不准确或者会变化，因为"路遥知马力，日久见人心"。但如果你已经给别人留下了不好的印象，也要相信"亡羊补牢，为时未晚"，及时消除误会，创造机会弥补过失，不失时机地展示自己的才能，用真诚的态度和优秀的业绩改变领导和同事对你的不好印象，重树美好形象。相信自己：是金子总会发光的！

（二）清晰、简洁地发送信息

有效的信息发送方式在沟通中十分重要，这就要求我们要针对沟通对象和目的选择不同的发送方式。信息发送方式很多，比如会议、电话、亲笔信件、电子邮件、面谈等。如果是一般的说明情况的信息沟通，通过信件、电话、邮件就可以解决；如果是为了交流感情和增加信任，则应该在合适的时间、地点面谈为好，并且选择合适的信息通道（表4-1）。

表4-1 接收信息的通道

通道	比例（%）	特点
视觉	87	确切，可重复
听觉	7	短暂，不易捉摸，难以重复
嗅觉	3.5	难以辨认
味觉	1	难以精确
皮肤感觉	1.5	难以精确
总计	100	

资料来源：日本色彩研究所川上元郎的研究报告

在信息发送过程中，信息包括3个方面内容：信息、思想和情感。信息的内容是沟通的实质，不存在没有任何内容的沟通。因此，在沟通开始前，应该对信息的内容做些适当准备，哪些该说，说到什么程度，哪些不该说。信息的内容应该清晰简洁，用词准确，避免模糊不清或容易引起误解的表述。专业术语在基本确认对方能够理解的情况下方可使用。同时还应该注意的是信息的载体，比如语音、语调、肢体语言的不同运用，这些都会给对方形成不同的感受，进而影响沟通质量。

（三）积极倾听

倾听是一种技巧。研究表明，人们在沟通中，53%的时间用于倾听，14%的时间用于写，16%的时间用于说，17%的时间用于读。听用的时间最多，而培训的时间最少，听也要进行学习和训练。沟通高手在尝试让人倾听和了解之前，会把倾听别人和了解别人列为第一目标。如果你能做到认真倾听,对方便会向你袒露心迹。掌握别人内心世界的第一步就是认真倾听。在陈述自己的主张说服对方之前,先让对方畅所欲言并认真聆听是解决问题的有效途径。

第一,倾听在沟通中的作用。倾听不仅是耳朵听到相应的声音的过程,而且是一种情感活动,需要通过面部表情、肢体语言和话语的回应,向对方传递一种信息——我很想听你说话,我尊重和关心你。

第二,高效倾听的技巧。倾听是一种主动的过程。在倾听时要保持心理高度的警觉性,随时注意对方倾谈的重点,就像飞碟选手打飞碟一样,要能站在对方的立场,仔细地倾听。每个人都有他的立场及价值观,因此,你必须站在对方的立场,仔细地倾听他所说的每一句话,不要用自己的价值观去指责或评断对方的想法,要与对方保持共同理解的态度。

鼓励对方先开口。首先,倾听别人说话本来就是一种礼貌,愿意听表示我们愿意客观地考虑别人的看法,这会让说话的人觉得我们很尊重他的意见,有助于我们建立融洽的关系,彼此接纳。其次,鼓励对方先开口可以降低谈话中的竞争意味。我们的倾听可以培养开放的气氛,有助于彼此交换意见。说话的人由于不必担心竞争的压力,也可以专心掌握重点,不必忙着为自己的矛盾之处寻找遁词。

第三,对方先提出他的看法,你就有机会在表达自己的意见之前,掌握双方意见一致之处。倾听可以使对方更加愿意接纳你的意见,让你再说话的时候,更容易说服对方。

切勿耀武扬威或咬文嚼字。你倾听的对象可能会因为你的态度而胆怯或害羞,他们可能因为不想听起来口齿不流利而变得自我保护。即使你是某一个话题的专家有时仍应学习保持沉默,同时表示你希望知道得更多。

表示兴趣,保持视线接触。聆听时,必须看着对方的眼睛。

人们判断你是否在聆听和吸收说话的内容,是根据你是否看着对方来作出判断的。没有比真心对人感兴趣更使人受宠若惊了。

专心,全神贯注,表示赞同。点头或微笑可以表示赞同对方正在说的内容,表明你与说话人意见相合。人们需要有这种感觉,即你在专心地听着。"人的眼睛和舌头说的话一样多,不需要字典,却能够从眼睛的语言中了解整个世界。"心理学家发现在交流中,语言所占比重为7%,声调占了37%,而眼神和肢体动作所占比重却高达56%,其中,眼神是最重要的交流武器。

让人把话说完,切勿武断。听听别人怎么说。你应该在确定知道别人完整的意见后再做出反应,别人停下来并不表示他们已经说完想说的话。让人把话说完整并且不插话,这表明你很看重沟通的内容。人们总是把打断别人说话解释为对自己思想的尊重,但这却是对对方的不尊重。

【经典案例】

巴顿尝汤

巴顿将军为了显示他对部下生活的关心,搞了一次参观士兵食堂的突然袭击。在食堂里,他看见两个士兵站在一个大汤锅前。

"让我尝尝这汤!"巴顿将军向士兵命令道。"可是,将军……"士兵正准备解释。

"没什么'可是',给我勺子!"巴顿将军拿过勺子喝了一大口,怒斥道:"太不像话了,怎么能给战士喝这个?这简直就是刷锅水!"

"我正想告诉您这是刷锅水,没想到您已经尝出来了。"士兵答道。

只有善于倾听,才不会做出像巴顿将军这样的事情!

鼓励别人多说。对出现精辟的见解、有意义的陈述,或有价值的信息，要以诚心地赞美来夸奖说话的人。例如，"这个故事真棒！"或"这个想法真好！""您的意见很有见地"等，因此，如果有人做了你欣赏的事情，你应该立即夸奖他。仅仅是良好的回应就可以激发很多有用而且有意义的谈话。

让别人知道你在听。偶尔说"是""我了解"或"是这样吗？"以告诉说话的人你在听，你还很有兴趣。

使用并观察肢体语言，注意非语言性的暗示。对方嘴巴上说的话实际可能与非语言方面的表达互相矛盾，学习去解读情境。在和人谈话的时候，即使我们还没开口，我们内心的感觉就已经透过肢体语言清清楚楚地表现出来了。听话者如果态度封闭或冷淡，说话者很自然地就会特别在意自己的一举一动，也不太愿意敞开心胸。

从另一方面来说，如果听话的人态度开放、很感兴趣，那就表示他愿意接纳对方，很想了解对方的想法，说话的人就会受到鼓舞。这些肢体语言包括：自然的微笑、不要交叉双臂、手放在脸上、身体稍微前倾、常常看对方的眼睛、点头。同时，要注意弦外之音，注意没有说出来的话、没有讨论的信息或观念以及答复不完全的问题。

接受并提出回应。要能确认自己所理解的是否就是对方所讲的：你必须重点式地复诵对方所讲过的内容，以确认自己所理解的意思和对方一致，如"您刚才所讲的意思是不是指……""我不知道我听得对不对，您的意思是……"

暗中回顾，整理出重点，并提出自己的结论。当我们和人谈话的时候，我们通常都会有几秒钟的时间，可在心里回顾一下对方的话，整理出其中的重点所在。我们必须删去无关紧要的细节，把注意力集中在对方想说的重点和对方主要的想法上，并且在心中熟记这些重点和想法，在适当的情形下给对方以清晰的反馈。

第四章 学会人际沟通

(四) 积极反馈

一个完整的沟通过程是这样的:首先是信息的发出者通过"表达"发出信息,其次是信息的接收者通过"倾听"接收信息。对于一个完整的、有效的沟通来说,仅仅这两个环节是不够的,还必须有反馈,即信息的接收者在接收信息的过程中或过程后,及时地回应对方,以便澄清"表达"和"倾听"过程中可能的误解和失真。

1. 反馈的类别

反馈有两种:一种是正面的反馈,另一种是建设性的反馈。正面的反馈就是对对方好的行为予以表扬,希望好的行为再次出现。建设性的反馈就是在对方做得不足的地方,提出改进的意见。请注意,建设性反馈是一种建议,而不是批评,这是非常重要的。

2. 如何给予反馈

要站在对方的立场和角度上,针对对方最为需要的方面给予反馈。反馈应具体、明确,有建设性、对事不对人。

【经典案例】

换一种态度

经理人容易武断地给下属的意见或想法下结论,比如有的往往带着批评或蔑视的语气说"你的想法根本就行不通!""小伙子,你还是太年轻了!"等,弄得下级很没趣,结果挫伤了下属主动沟通的积极性。如果我们换一种态度,以建设性的、鼓励的口气给下属反馈,效果就会不同。比如,"小王,你的意见很好,尽管有些想法目前还不能实现,但是,你很动脑筋,很关心咱们部门业务的开展,像这样的建议以后还要多说啊!"

3. 如何接受反馈

接受反馈是反馈过程中十分重要的环节，在接受反馈时应该做到以下几点。

耐心倾听，不打断。接受反馈时，一定要抱着谦虚的态度，以真诚的姿态倾听他人反馈意见。无论这些意见在你看来是否正确和是否中听，在对方反馈时都要暂时友好地接纳，不能打断别人的反馈或拒绝接受反馈。打断反馈包括语言直接打断，比如"不要说了，我知道了！"也包括肢体语言打断，如不耐烦的表情、姿势等。如果你粗鲁地打断别人对你的反馈，其实就意味着沟通的中断和失败，你了解不到对方更多甚至更重要的信息。

避免自卫。自卫心理是每一个人本能的反应。对方在向你反馈时，如果仅仅站在自己的立场，挑肥拣瘦地选择是否接受，一旦听到对自己不利、不好或不想听的东西，就急忙脸红脖子粗地去辩解和辩论，明智的另一方会马上终止反馈。

表明态度。别人对你反馈之后，自己要有一个明确的态度，比如理解、同意、赞成、支持、不同意、保留意见、怎么行动等。若不明确表示自己对反馈的态度与意见，对方会误解你没有听懂或内心对抗，这样就会增加沟通成本，影响沟通质量。

有时，适当的沉默比声嘶力竭的争辩更容易产生震慑的效果，令对方信服。美国加州大学古德曼教授曾经指出："沉默可以调节说话与听讲的节奏。沉默在谈话中的作用，就相当于零在数学中的作用。尽管是零，却很关键。没有沉默，一切交流都无法进行。"

【阅读资料】

换一种谈话方式

如果想赢得上级的好感，最好让他知道你在集中精力听他讲话,并反馈出你对谈话的关注。可以复述谈话的内容,提问不懂的问题,也可以用无声的身体语言予以应答。不同的应答方式,效果大不一样。如果上级喊你时,你只是轻声地应一声"唉",会让上级觉得你缺少自信,不能委以重任;如果你精神抖擞,中气十足地回答"哎!"上级会觉得你是一个责任心很强、干劲十足的人。

(五) 真诚地赞赏对方

人人都希望受到同事、上级的认可和赞赏,获得荣誉和赞赏对每个职业人来说都是十分高兴的事。心理学家威廉·詹姆斯曾经说过:"人性最深切的渴望就是获得他人的赞赏,这是人类之所以有别于动物的地方。"无论是高高在上的名流贵胄,还是卑微平凡的贩夫走卒,人人都希望得到他人的赞美与尊重。就连宠辱不惊的华盛顿,也喜欢别人热情地称呼他"美国总统阁下";凯瑟琳女皇拒绝接受任何没有注明"女皇陛下"的信函,法国作家雨果希望巴黎有朝一日能改名为雨果市;莎士比亚千方百计想为家族赢得一枚荣誉勋章……美国钢铁公司总裁查尔斯·史考伯曾说道:"我认为,我那能够使员工鼓舞起来的能力,是我所拥有的最大资产。而使一个人发挥最大能力的方法,是赞赏和鼓励。"

赞赏要恰到好处,表达真诚。如果不能抓住对方美的特点,泛泛而谈,或者把别人的缺点或隐私当做赞美的对象,就不会使对方产生共鸣,有时甚至会适得其反。

第三节 常见的职场沟通形式

一、会议沟通

会议,是人类社会中普遍存在的、有两人以上参与的、有组织有目的的一种短时间聚集的集体活动形式。

(一) 会议的目的

1. 交流信息

通过会议,管理者可以将有关政策和指示传达给下属或员工。同时,管理者也可以从他们那里及时得到反馈及获得其他方面的有关信息。

2. 给予指导

企业通过把员工组织起来进行培训,以提高他们某个方面或某些方面的技能,使他们更好地适应工作环境。

3. 解决问题

会议可以帮助澄清误会,处理各种冲突并利用他人的知识和技巧来解决问题。

4. 作出决策

会议可以帮助营造民主的气氛,给管理者提供共同参与和共同讨论的机会,最终作出良好的决策。

(二) 会议的种类

1. 谈判

目的是解决双方在利益上的冲突,采用互动的方式讨论,力求达成一致的意见。

2. 通知

目的是为了传播信息,采取单项的方式,一般没有讨论。

3. 解决问题

目的是为了利用团体的力量解决问题。通常要将待解决的问题摆在桌面上,与会者应提出解决的方法。

4. 决策

目的是为了在不同的方案中权衡利弊做出抉择。与会者不仅会讨论和决策，而且还要遵守会议的决议。

5. 交流

目的是集思广益，常采用"头脑风暴法"讨论，即安排 5~7 人，每一位与会者都可以提出自己对问题的看法，并从相互间的发言中得到启发，激发灵感，产生创意。这类会议鼓励讨论。

（三）会议的安排

1. 制定议程安排

①充分考虑会议的进程，写出条款式的议程安排。
②确定会议的召开时间和结束时间并和各部门主管协调。
③整理相关议题，并根据其重要程度排出讨论顺序。
④把议程安排提前交到与会者手中。

2. 适宜沟通的会议室布置

①现场会议室一般比较方便且费用低廉，因此是首选地点。但如果涉及公司的对外公共关系形象或者与会人数很多，则可以考虑租用酒店或展览中心的专用会议室。

②与会者的身体舒适需求不能忽略，应注意会议室的空调温度、桌椅舒适度，灯光和通风设备也应和会议的规模及安排的活动相适应。

③根据你的沟通需要来选用适当的桌椅排列方式。信息型会议的与会者应面向房间的前方，而决策型会议的与会者应面向彼此。

（四）会议的主持

1. 成功地开始会议

和其他的很多场合一样，做好准备工作是避免表现紧张的关键。如果你知道自己将会说些什么来作为开场白，你就会放松下来。更重要的是，你可以给整个会议带来一个富有组织的、卓有成效的开始。

2. 会议主持人的沟通技巧

一个优秀的会议领导者总是经常提出他们简短的意见以指引会议讨论的进程。比如说"让我们试试""这是一个好的思路,让我们继续下去"。事实上,如果我们仔细观察,就会发现优秀的会议主持人最常用的引导方式是提问题,针对目前所讨论的问题引导性地提问,会使与会者的思路迅速集中到一起,提高工作的效率。

我们常用的问题大致可以分为两类:开放式的问题和封闭式的问题。开放式的问题需要我们花费更多的时间和精力来思考回答,而封闭式的问题则只需一两句话就可以回答了。比如说:"小王,你对这个问题怎么看?"就是一个开放式的问题;"小王,你同意这种观点吗?"就是一个封闭式的问题。一个有经验的会议主持人应该善于运用各种提问方式。

3. 圆满地结束会议

无论是什么类型的会议,在会议结束的时候重新回顾一下目标、取得的成果和已经达成的共识,以及需要执行的行动都是很必要的。

①总结主要的决定和行动方案以及会议的其他主要结果。

②回顾会议的议程,表明已经完成的事项以及仍然有待完成的事项;说明下次会议的可能议程。

③给每一位与会者一点时间说最后一句话。

④就下次会议的日期、时间和地点问题达成一致意见。

⑤对会议进行评估,在一种积极的气氛中结束会议。你可以对每一位与会者的表现表示祝贺,表达你的赞赏,然后大声地说"谢谢各位",以结束会议。

(五) 灵活地应对会议的困境

会议依赖于与会者的相互作用。开会时出现问题是不可避免的。有时问题因为人而产生,有时因为程序或逻辑而产生。

在任何情形下,主持者都有责任令讨论热烈,确保与会者都参与讨论,并保持讨论的正确方向。

1. 某些人试图支配讨论的局面

在会议中,常常会出现"一言堂"的局面。如果我们会议的目的是找出不同观点,那么广泛的参与是会议成功所必不可少的因素。有时有些人可能因为富有经验或职位较高而处于支配地位。当这种情形发生时,其他人通常就会只是坐着听。这时,主持者就应该提一些直接的问题,将与会者调动起来。如果其他办法都不能奏效,不妨尝试在中间休息时与那个人私下谈一谈,也许会有所帮助。

2. 某些人想要争论

这种人可能自称无所不知,或者掌握的信息完全是错误的,或者是个吹毛求疵的家伙,喜欢插话打断主持者。在任何情形下,主持者都要保持清醒的头脑。通过提问,主持者可以引出这些人不合逻辑的或牵强的发言,然后不再理睬他们。通常,这种人会激怒全体,会有人讲出不欢迎他们的话,然后一片沉默。这时,主持者可再问其他与会者一些直接的问题,从而维持会场讨论气氛的平衡。

3. 某些人和身边的人开小会

当与会者人数很多时,经常会发生这种情形。开小会往往是因为某个人想讲话,但又没有机会,或者某个谨慎的与会者在向大会提出某种想法前,想先试探别人的看法。通常,会议中有人开小差是不可避免的。不过这种小会一般比较简短。只有当小会时间持续长了才会成为一个问题。一个办法是请这个人告诉大家他刚才所讲的内容,另一个办法就是沉默,然后看着那个破坏秩序的人。通常,这样就会恢复会议秩序。

4. 习惯性的跑题者

我们可以运用语言技巧,善意地岔开该话题,也可以私下与之沟通，从你的角度谈对事情的看法与感受，提出你的建议，这样的谈话可以比公开场合中的语气更为坚定和严厉。

二、上级与下级的沟通

与下级沟通的最终目的，就是要充分调动下级的积极性，使他们的潜力得以最大限度地发挥。假如你是单位或部门的领导，要牢记"水能载舟，亦能覆舟""得道多助，失道寡助"和"沟通成本高，不沟通成本更高"等道理，下大气力与你的下属保持沟通的畅通。

（一）淡化权威意识

领导与下属人格上是平等的，职位的不同不等于人格上的贵贱。尊重你的下属，实际上所获得的是不断增进的威望。只有淡化自己的权威意识，真正走到群众中去，才会与下级进行良好的沟通。

（二）多激励少斥责

每个人的内心都有自己渴望的"评价"，希望别人能了解，并给予赞美。身为领导者，应适时地给予鼓励、慰勉，认可褒扬下属的某些能力。当下属不能愉快地接受某项工作任务之时，领导会说："当然我知道你很忙，抽不开身，但这事只有你去解决，我对其他人没有把握，思前想后，觉得你才是最佳人选。"这样一来可使对方无法拒绝，巧妙地使对方的"不"变成"是"。对于下级工作中出现的不足或者是失误，特别要注意，不要直言训斥，要同你的下级共同分析失误的根本原因，找出改进的方法和措施，并鼓励他一定会做得很好。

（三）站在下属的角度考虑问题

俗话说，设身处地，将心比心，人同此心，心同此理。作为领导，在处理许多问题时，都要换位思考。比如说服下属，并不是没把道理讲清楚，而是由于领导者不替对方着想。关键在于你谈的是否对方所需要的。如果换个位置，领导者放下架子，站在被劝说人的位置上瞻前顾后，同时，又把被劝者放在领导的位子上陈说苦衷，抓住了被劝说人的关注点，这样沟通就容易成功。

（四）领导应该是下属真正的朋友

推心置腹，动之以情，晓之以理。领导者的说服工作，在很大程度上可以说是情感的征服。只有善于运用情感技巧，以情感人，才能打动人心。感情是沟通的桥梁，要想说服别人，必须架起这座桥梁，才能攻破对方的心理堡垒，征服别人。

【经典案例】

金牌教练与两届冬奥冠军的沟通

昨天，在温哥华冬奥会短道速滑赛场上演了感人一幕，桀骜不驯的中国短道第一冰刀王濛居然在夺金后，跪在冰面上向曾经自己"炮轰"过的女少帅李琰磕头谢恩。昔日形同陌路，今朝跪拜相拥，两个充满个性的女人"融合"了。

在2007年长春亚冬会上，王濛曾"炮轰"刚刚上任不久的中国短道速滑队主教练李琰。王濛在1 500米比赛失利后，王濛与李琰没有相互击掌，更没有任何表示，形同陌路，还口出狂言："这是什么战术呀？什么都没有，我觉得自己不适合再在国家队了，还是回到黑龙江队比较好。"矛头直指少帅李琰，一时间舆论哗然。

曾带过美国队的李琰，培养出名将阿波罗，有先进的短道执教方法。而王濛当时对李琰带来的一些训练新思路不服，李琰也是个性女人，决不放弃自己的执教思路。

王濛和主教练李琰的矛盾公开化引起了冬季运动管理中心的重视，相关领导做了大量工作，就在几天后进行的亚冬会女子3 000米接力夺冠后,两人各退一步,相互击了一下掌。事后,王濛写了检查,公开道歉。不过,她依然被冬季中心"下放"到黑龙江队训练。当王濛再度归来后,在与李琰的进一步接触中,她发现李琰是对事不对人。首先李琰非常大气宽容,但对训练一丝不苟。不久,王濛的成绩突飞猛进。王濛也逐渐加深了对李琰的信任。当李琰推举王濛当队长时,王濛开始替李琰分忧解难。两个人在事业上走到了一起,形成中国冰刀的合力。就在相互沟通中,"刺头"王濛感受到李琰近乎慈母般的关爱,同时又有严父一样的训练,她开始越发尊重李琰。就在来温哥华冬奥会前,李琰度过了40岁生日,这个生日晚会就是王濛操办的。

就在昨天,王濛跪在冰面上给李琰磕头谢师恩时,李琰早已泪流满面。"我知道这是她向我表达感激之情,我感到很欣慰。"李琰很感慨。当王濛与李琰紧紧拥抱时,现场观众无不被这一场景所感动。李琰笑着说:"她还是一个孩子,他们都是我的孩子,孩子有时发小脾气都正常,我们是一个团队,孩子终归有一天,会明白'父母'的苦心的。"

"我跟她的这种默契,经过了风风雨雨的考验,是通过每天的训练建立起了相互信任和支撑。现在他们都知道了,我就是一个性格很直率的人,说过了,就说过了,对事不对人。"李琰说道。严师李琰感动了王濛,王李的"融合"成全了中国短道速滑队的辉煌。

(五)语言幽默,轻松诙谐

领导者与下属谈话,语言幽默,轻松诙谐,营造一个和谐的交谈气氛和环境很重要,上级和部下谈话时,可以适当点缀些俏皮话、笑话、歇后语,从而取得良好的效果。只要使用得当,就能把抽象的道理讲得清楚明白、诙谐风趣,会产生一种吸引力,使下属愿意和领导交流。

（六）与下属常谈心，增强凝聚力

【经典案例】

领导的重视

某位厅级干部在他还是一般职员的时候，一次他的领导（厅级）在路上见到他，和他打招呼握手并问候他，虽然这是领导不经意的一次举动，但是在他心里产生莫大的震动，回去后，心情久久不能平静。他当时认为，这是领导对自己的重视和认可。此后他的工作一直做得很出色，受到单位领导和上级的一致赞扬。现在他作为领导也经常找下属谈心，谈心的面很广，谈工作、谈生活、谈发展，每次谈话，职员都受到很大的鼓舞。这个举动增强了全员的凝聚力，使整个工作做得有声有色。

经常找下属谈心，可以充分了解职员对单位发展的看法，职员的心态、情绪变化，自己工作的反馈等，有利于更好地开展工作。

（七）当众讲话对下属要有激励作用

领导对于广大群众来说是能力的象征。这就要求领导、管理者努力提高自己的语言表达能力，训练自己善于当众讲话的基本功，当众讲话能起到振奋士气，激励下属，达到统一思想、统一步调的作用，有利于形成一股强大的向心力，使群众以满腔的热情投入到工作中去。无论何种职业，"把话讲得能让别人听懂"是优秀职业人的基本素养。

当众讲话的魅力会影响下属的士气，在人们心目中一个真正的领导者，应该是一个获得众人拥护的领导者，哪怕你认为你是上级任命的，如果不能获得众人的认可，领导者对你来说也只是一个空壳，没有实际的意义。因为，领导的才能只能在群体业绩中体现。领导者和下级有效沟通的目的是最大限度地发挥其潜力,从而提高群体绩效。

(八) 要关注不同的声音

作为一名管理者,善于关注不同的声音,采纳与自己不同的合理建议,是一种智慧与勇气。如果领导者根据错误的信息得出了错误的结论,却没人反对,这就是一件十分危险的事情。无人对你说"不",不等于人人完全同意你的看法和主张。礼贤下士、广开言路,才可能集思广益、科学决策。每当听不到任何不同的声音时,你就要特别小心谨慎。这意味着你需要与下属进行更多的交流与沟通。

三、平级之间的沟通

在职场里,平级之间的沟通包括同事之间的沟通与跨部门的沟通。

(一) 同事沟通

从你参加工作之日起,就会和你的同事打交道。如果同事关系和谐,你就会感到心情舒畅、温馨、轻松,有一种归属感,会使你有一种心理上的满足。如果同事关系紧张,互相猜疑,误解时常发生,就不可能很好地合作共事,这样就会干扰你的神经系统,使你做事精力不能集中,甚至会说错话、做错事,受到领导训斥。同事间良好沟通包括以下九个技巧。

1. 人格塑造

在沟通理念中,人格的培养是提高沟通效果的基础,也是人际关系中的关键因素,要把做人放在第一位。人品好的同事,人们就愿意和其交往,本身就产生了一种吸引力、向心力,利于合作共事。付出爱心、乐于助人是塑造人格的最重要的人际行为。

2. 坦诚相见

坦率和真诚是良好人际关系的重要因素。对待自己的同事应坦诚相见。

3. 赞美欣赏

能够看到同事身上的优点,并及时给予赞美、肯定,对一些不足给予积极的鼓励,这是良好沟通的基础。不要背后议论你的同事,要常常做"送人鲜花的人",不要做"抛人泥土的人",和颜悦色,是人们交往的需要。你这样做了,就一定能受到同事的喜欢。

4. 少争多让

不要和同事争什么荣誉,这是最伤害人的。你帮助同事获得荣誉,他会感激你的功绩和大度,更重要的是增添了你的人格魅力。要远离争论,对一些非原则性的问题切忌去争什么你输我赢,否则,其结果只能使双方受到伤害,百害而无一利。

5. 善于倾听

善于倾听是增加亲和力的重要因素。当同事的家庭、生活、工作出现麻烦而心情不愉快时,他向你倾诉,你一定要认真倾听,把自己的情感融入进去,成为同事最真诚的倾听者,这样会加深同事之间的情感。

6. 容忍异己

容许每个人有自己独立的思维和行为方式,不要妄图改变任何人,要认识到改变只能靠他自己,劝其改变是徒劳的。

7. 巧用语言

沟通中的语言至关重要,应以不伤害他人为原则,要用委婉的语言,不用伤害的语言;要用鼓励的语言,不用斥责的语言;用幽默的语言,不用呆板的语言等。

8. 理解宽容

作为同事,我们没有理由苛求别人为自己尽忠效力。在发生误解和争执的时候,一定要换个角度,站在对方的立场上想想，理解对方的处境，千万别情绪化。任何背后议论和指桑骂槐，最终都会在贬低对方的过程中破坏自己的大度形象，而受到旁人的抵触。其实宽容别人，就是善待自己，将自己心中的愠怒化作和风细雨，神清气爽地度过每一天。

9. 朋友勤联络

在同事交往中，可能会有相处要好的朋友，诸多朋友形成自己的人际圈。空闲的时候给朋友挂个电话、写封信、发个电子邮件，哪怕只是片言只语，朋友也会心存感激。对进入自己人际圈的朋友要常常联络，一个电话、一声问候，就拉近了朋友的心，如此亲切的朋友，遇到好机会能不先关照你吗？

做到以上几点，你就能在同事中间成为他们喜欢的人。要明白一个道理：同事之间良好的人际关系是靠自己来创造的，你去行动就会有好的结果。

【经典案例】

小杨的解雇

一个公司要上一个新产品项目，总经理决定从公司各职能部门抽调人才组成专项小组，于是财务部的主管、人力资源部的主管等大部分人员都进入了，计划安排好，时间表发到了每个人的手上，由营销部主管小杨任项目组组长。由于小杨平时跟各部门领导联络不多，他本人又比较年轻，心高气傲，事先也没有征求各部门意见，只是根据时间进度表，让自己的下属通知相关部门经理开项目专题会议，结果12个人中，4个部门经理有事情请假，在上级压力和平级的推脱之下，小杨向总经理提起了投诉，但是在权力大小比对、较量之下，小杨得到的结果是公司的解除劳动关系。公司的项目，由总经理亲自负责，并按时间进度顺利完成了。

第四章　学会人际沟通

【点评】有人说同事之间的关系像刺猬，关系太远不好办事，关系太近又容易受伤害，但我们认为同事之间只要相互信任，坦诚相待，多加沟通，就会和谐相处，共同提高。

(二) 跨部门沟通

对于主管来说，跨部门沟通确实是一件重要的工作，但也是一件令人头痛的麻烦事。尽管很小心，不断联系、再确认，但各种大大小小的问题却会一波未平、一波又起，让人疲于奔命。由于部门不同，大家在认知上难免有差异。如果再加上沟通的信息不对等、不能及时反馈等因素，就会导致目的或结果与预期的不同。跨部门沟通成功率有一个计算公式：

跨部门沟通成功率＝对他的好处－给他带来的麻烦＋你和他的交情（＋公益性）。如果部门与部门之间缺乏基本的了解和信任，还会增加大量的管理成本。为了预防部门之间的矛盾和冲突，应设法破冰，常见的有会餐、联谊、培训、会议和协商等方法。跨部门沟通应注意以下几点：

1. 永远不厌其烦

跨部门沟通的一个重要原则就是永远不要嫌麻烦。不要以为开完会就没事了，事后应该随时保持联系，主动了解其他部门的工作进度，掌握最新的情况。不要被动地等对方告诉你问题发生了，而是要主动持续地沟通，预防问题的发生。当然，不要忘了关照自己部门员工的状况，或许他们在与其他部门沟通时遇到了某些困难，你可以主动询问员工，是否需要你出面联系，解决问题。

2. 坚持经常沟通原则

一个习惯的养成因人而异，最少也需要几周的时间。那么对于一个团队来说，主管要经常培训他们如何跨部门沟通，这就需要很长的过程，并最终形成一种习惯。可以定期与其他部门搞一些联谊活动，一起利用周末打球、登山等，方法还有很多。不要总指望由企业出面组织部门之间的沟通和联谊。跨部门沟通不应拘泥于某种模式,沟通的方式多种多样,沟通的目的是为了增进交流和默契的合作,达到整个事业的提升,可以通过各种正式沟通和非正式沟通方式实现。

3. 拓宽部门员工的视野

主管应该尽可能使自己的成员多了解团队之外的重要信息,帮助他们扩大视野。学习以组织整体的观点去思考问题,不要将眼光局限于自己的团队之内。这样,在与人合作时自然不会过于本位主义,能有效减少部门之间的冲突。

4. 先理顺部门内沟通

有时候一些问题看似跨部门沟通不良,其实是自己团队内部沟通先出了问题。除了要建立部门之间的沟通机制之外,更要协调自己团队内部的沟通机制,确认你与团队成员之间的信息是完全流通的。

四、下级与上级的沟通

每个职员都有自己的上级,能够与上级良好沟通的人,才能成为领导信任、喜欢的优秀职员。与领导沟通有以下六个技巧。

(一) 尊重领导也是尊重自己

尊重领导实际上是尊重他的职位,下级服从上级是处理上下级关系时应遵循的规则。领导者丰富的工作经验和待人处世方略,都是值得学习借鉴的,应该尊重,与他们和谐相处。否则,就会本末倒置,影响工作,更重要的是影响自我的发展。

当然,尊重不是"听话""乖乖",更不是敬而远之,而是理解、沟通而不盲从。领导的决策对了,当然要服从;领导的决策错了,也不可当面顶撞,而是先接受,再把问题委婉提出,请领导指示。有意见可私底下反映,单独和领导相处时,恰当地提出。

(二) 踏实搞好本职工作是与领导沟通的基础

无论你从事什么工作,兢兢业业、踏踏实实做好本职工作是良好沟通上下级关系的基础。有的人常在领导面前夸夸其谈,言过其实,特别喜欢在领导面前表现自己,这些只能获得领导暂时的信任,但是很快领导就会感到你"华而不实"。

领导喜欢的员工往往是自己的发展目标与单位或企业的发展目标相融合的员工,乐于助人的员工,忠诚于自己的事业的员工等。

(三) 要有与领导主动沟通的意识

要拥有良好的向上沟通的主观意识。有人说"要当好管理者,要先当好被管理者",领导工作往往比较繁忙,因而保持主动与领导沟通的意识十分重要,不要仅仅埋头于工作而忽视与上级的主动沟通,还要有效展示自我,让你的能力和努力得到上级的高度肯定。只有与领导保持有效的沟通,方能获得领导器重而得到更多的机会和空间。

(四) 寻求与领导有效的沟通方法

下级要善于研究上级领导的个性与做事风格,根据领导的个性寻找到一种有效且简洁的沟通方式是沟通成功的关键。通过沟通时刻要让领导知道你在做什么,做到什么程度,遇到什么困难,需要什么帮助。有效的沟通是走向成功的唯一途径。要掌握良好的沟通时机,善于抓住沟通契机,正式场合与非正式场合并举,在上班时间也不要仅仅限于工作方面的沟通,往往情感方面的沟通会获得意想不到的结果。

(五) 善于倾听,领悟领导的"画外音"

在实际工作中,要学会倾听,提高领悟力,要善于领悟领导的"画外音",对于自己的发展有着重要的意义。

（六）把老板当做第一顾客

无论我们从事什么职业，都要把它看做是自己的事业，把自己看做是一家公司，而自己就是这家公司的经营者。公司的赢利来源于为顾客创造价值，赢利的大小取决于你为顾客创造价值的大小。作为打工者，老板就是你的顾客，而且是最大的客户，因为他在花钱购买你的服务，从这个角度来说，老板无疑是你的第一大客户，你也应该把老板当做第一顾客。如果你把老板当成第一顾客，那么你就要学会推销自己，同时想办法增加自身的价值。把老板当做第一顾客是以一种积极的态度来看待自己与老板的关系。如果按照"顾客是上帝"的营销理论，你就不会责怪老板的严格和挑剔了。记住：得老板者得舞台。

遵循上下级关系的"游戏规则"，是人走向成熟的重要标志之一，是自身修养的再现。做一个优秀的下级比做一个优秀的上级更能体现一个人的人生价值。有一段格言值得深刻去领悟：别人可以替你开车，但不能替你走路；可以替你做事，但不能替你感受。人生的路要靠自己行走，成功要靠自己去争取。

五、与客户的沟通

现在，各公司已经对关系营销越来越重视，"客户就是上帝"已经成为共识，但一些市场人员还是经常忽略关系营销中的关系要素。如果客户拒绝你，说明他可能根本不需要你的服务，或者不喜欢你，或者已经与别人建立了联系，不想再耗费精力与时间。不管我们是通过代理商或分销商还是直接与客户沟通，下面介绍的几种方法将会帮助我们与客户进行良好的沟通与交流。

（一）找出客户对产品或服务的真实感觉

仔细研究客户反馈和以往的市场调查报告，并与公司内负责客户服务的部门联系。注意每一个意见，特别是反面批评的意见。虽然那些反面的、批评的意见会让人很不愉快，但从那些材料中可以知道用户为什么不满意，并且在以后的发展中将这些因素去除掉。与客户打交道应该诚实守信，有时单面宣传不如双面宣传更容易让顾客接受。

【经典案例】

双面宣传

有一位优秀的推销员准备向顾客推销一块居住用地。这块地靠近车站，交通十分便利，但因附近工厂众多，每天的噪声不绝于耳。他介绍时只是说"这块地的四周有几家工厂，若拿来盖住宅，居民可能会嫌吵，因此价格比一般地段便宜。"

当顾客到现场参观时发现噪声也没有多大时，欣然签订了协议。因为有些显而易见的缺点，即使不说出来，客户也知道；坦然讲出来，反而会赢得客户的信任。

（二）客户首先购买的是优质的服务

对客户热忱服务，是业务员的本分。无论是发自内心的微笑，还是热情地打招呼，礼貌地问候，都会对客户产生巨大的影响。

（三）要切合客户的实际情况与他们讨论具体需求

如果先听一听客户的声音，真诚地与他们沟通，交换双方的观点，就可以与客户建立真诚的关系。应全神贯注于客户的需求，并从正在进行的沟通与交流中学习。要站在顾客的角度，用心倾听，理解对方的需要，用商量的口气，帮助顾客分析各种不同类型的产品，让客户自己选择、决策，尽最大可能满足顾客的要求。

（四）了解和把握客户购买的原动力，巧妙地影响顾客

有些经理和市场人员会在与客户交谈的过程中，有目的地

用请教式提问,把握顾客的真正需求和购买原动力,找出促使他们购买的因素,然后告诉顾客自己的产品能够满足他们的需求,从而既服务顾客,又赢得顾客的心,还提高了自己的业绩。

【经典案例】

推销方式多样化

有一个奶制品专卖店,里面有3个服务人员:小李、大李和老李。当顾客走近小李时,小李面带微笑,主动问长问短,一会儿与顾客寒暄天气,一会儿聊聊孩子的现状,总之聊一些与买奶无关的事情。

而大李呢,采取另外一种方式,他会问顾客:我能帮您吗?您要哪种酸奶?我们对长期客户是有优惠的,假如气温高于30℃,您可以天天来这里喝一杯免费的酸奶。您想参加这次活动吗?

老李的方式更加成熟老到,他和顾客谈论日常饮食需要,问顾客喝什么奶,是含糖的还是不含糖的?也许顾客正是一位糖尿病病人,也许顾客正在减肥?而老李总会找到一种最适合顾客的奶制品,并且告诉顾客如何才能保持奶的营养成分。

【点评】与客户沟通有3种不同的模式——礼貌待客式、技巧推广式、个性服务式。小李的方式就是礼貌待客,大李的方式是技巧推广式,老李提供的是个性化的沟通模式。如果销售人员所使用的非语言服务始终与语言服务保持一致,这3种模式都会起到非常好的效果。

礼貌待客讲究即时应对,包括时间即时、空间即时和语言即时。技巧推广式更能为企业带来效益。但是,假如提供的语言和非语言服务信息不一致时,客户则倾向于相信非语言反映出来的服务信息。只有个性化服务才能足以将语言及非语言信息完美结合,这是销售人员与客户因长期交流而建立起深层关系的缘故。销售人员最重要的口头沟通是开场白和结束语。因为人们在沟通时易于记住刚开始和最后发生的事情，所以销售人员与客户沟通时，要非常注重开始时的礼貌寒暄和最后的结束语。

多数成功的推销用语都有如下规律：创造需求—引发爱好—唤起欲望，最后是采取行动。

六、提高当众演讲能力

公共场合发言、当众演讲能力，标志着一个人的职场沟通能力，对于展示自己的智慧与才智以及职业发展都有十分重要的意义。

（一）克服当众讲话的恐惧

人类天生具有一种应付各种客观环境挑战的能力，恐惧只是因为无知与不确定感而产生的。事前充分的准备是征服演讲恐惧的基础。要感同身受、身临其境，勇于锻炼，不怕出丑，感受当众演讲的"酸甜苦辣"。要加强自我训练，循序渐进，在一定范围内先取得成功，逐步建立起自信。准备要提前，试着说得简短、轻松和美好，人们会喜欢你的。

【经典案例】

初次登场

刘明是某职业学院大一新生，在第一学期竞选学生干部时，他的初次登台演讲表现并不理想。他走到台上，本想随意做一番即兴讲话的，但由于事先并没有做好准备，思绪很乱无法开口。于是，他又匆匆忙忙地从口袋里掏出一沓笔记来。但这些东西显得如此杂乱无章，就像一辆货车上所载的碎铁片。他手忙脚乱地在这些东西中乱翻一阵，说起话来越发显得尴尬而笨拙。时间一分一秒地过去了，他变得越发无助，越发糊涂。他继续挣扎着,还一边说一些道歉的话。他寄希望于将笔记理出一点头绪来,同时用颤抖的手举起一杯水,凑到焦干的唇边。真是惨不忍睹!他已经完全被恐惧所击倒,就因为他对这次讲话几乎没有准备。最后,他只好无可奈何地退了下来。

(摘自李谦编著的《现代沟通学》,经济科学出版社,2009年)

(二)提升当众讲话能力

演讲前的准备工作,首先是自己意念的汇集与整理。要把平时积累的资料整理成提纲,提炼出主题和题目,用自己熟悉的、生动的故事,加上感情色彩,吸引观众。要认识到当众演讲,实际上就是一般谈话的扩大化,要学会当众思维和组织材料,使自己准备或写好的稿子有弹性、口语化。其次是演讲主题要突出,论点要明确,内容丰富,举例要具体、形象,话题以人为本,讲话充满激情,营造热烈气氛。

(三)逐步掌握语言运用技巧

当众演讲时用词要准确精练、上口入耳、形象生动。声音要洪亮,语气语调表达出丰富的感情色彩,在叙述过程中形成抑扬顿挫、轻重缓急的对比关系,掌握停顿、沉默等表达技巧。演讲中要配合运用表情、眼神、手势、姿势、动作等肢体语言表情达意,影响、感染广大听众,展示自己的才能。

第五章 应对职场问题

第一节 自我激励

一、激励的两种理论

（一）马斯洛的层次需要理论

理论的内容在上文已有论述，它的出现让许多人开始认真考虑对人的激励问题。它的基本价值在于，它突现了工作场合中需要的重要性。如何将这一理论运用于实践，那么一个希望能够激励自我的人和每一个希望激励下属的管理者必须清楚地知道被激励者的需要。

（二）期望理论

根据期望理论，你付出努力的多少和你预期能够得到回报的多少有关。这个理论认为人们是理性的，人们会在心里计算各个选项收益的多少，然后根据自己的计算（未必与客观情况相符）来选择一项能够使自己得益最多的选项。而当把期望理论运用到管理中的时候就称之为期望管理。这一理论的基本想法是，员工努力与否受到对于努力后果预期的影响，同时他们必须相信自己能够完成任务。

二、自我激励技巧

(一) 为自己设定目标

设定目标对激励非常重要。你可以为自己制定年度目标、月度目标、本周目标、当天目标，甚至是早晨目标和下午目标。制定更为长期的目标或者是人生目标也可以帮助你获得动力，推动自己达到更高的成就。但是，长期目标必须辅以一系列相匹配的、具体的短期目标才能发挥作用。

(二) 发现能够提供内部激励的工作

其实人人都希望得到能够提供内部激励的工作，但是有时候由于受到各种条件的限制，你对工作没有太多的选择权，那么就设法尝试对工作的具体内容尽可能做些改变，以得到你希望得到的回报。如果你觉得解决问题会让你兴奋不已，而85%的工作都是例行的，那么你就可以试着养成良好的习惯尽快把例行工作做完，剩下更多的时间去做工作中富有创新的部分。

(三) 获得有关工作绩效的反馈

一个人如果没有办法得到有关自己绩效的反馈，无论是主观的还是客观的，那么他将很难一直保持高昂的斗志，即便你的工作非常令人兴奋，你也同样需要反馈。包装设计工作本身就很吸引人，但是包装设计人员也非常喜欢自己的设计成果被展示出来，自己的成果得到展示说明"你的设计足够好，可以让别人欣赏"。

如果你的公司或者老板并没有意识到反馈的重要性，或者仅仅是忘记了告诉员工他们做得怎样，那么你不要犹豫，可以偶尔提出下列问题：

"我的工作到目前为止还令人满意吗？"

"我的工作进度有没有达到您的预期目标？"

"我没有听到任何有关我到底是做得好还是不好的评价，我应该担心吗?"

(四)把行为矫正技巧运用到自己身上

为了让行为矫正技巧很好地激励自己,你首先要确定需要得到激励的行为是什么。比如,在周六晚上工作两小时。然后你要找到适合自己的奖惩措施,你可以只运用奖励措施来正向强化,因为奖励比惩罚的激励效果更好。

(五)提高能够达到目标的相关技能

根据期望理论,只有当你觉得自己有把握完成一件事情的时候,你才会努力去做。而想要提高自己对于成功的主观预期,一个切实可行的方法就是提高自己完成任务所需的技能,这样你就提高了自我效能。对于成功的预期高了,自信心足了,激励作用也就变强了。

(六)提高你的自我期望

科学家做过一个有趣的实验:他们把跳蚤放在桌子上,一拍桌子,跳蚤迅即跳起,跳起高度均在其身高的 100 倍以上,堪称世界上跳得最高的动物!再重复几遍,结果还是一样。然后科学家在跳蚤的头上罩了一个玻璃罩,再让它跳,"嘣"的一声,这一次跳蚤碰到了玻璃罩。连续多次以后,跳蚤改变了起跳高度以适应环境,每次跳跃总保持在罩顶以下高度。接下来逐渐改变玻璃罩的高度,跳蚤都在碰壁后主动改变了自己的高度。最后,玻璃罩接近桌面,这时跳蚤已经无法再跳了,变成"爬蚤"了。跳蚤变成"爬蚤",并非它已经丧失了跳跃能力,而是由于一次次受挫折而学乖了、习惯了、麻木了。最可悲之处在于,当玻璃罩实际上已经不存在时,跳蚤却连"再试一次"的勇气都没有了。玻璃罩已经在潜意识里罩在了跳蚤的心灵上了,跳蚤行动的欲望和潜能被自己扼杀了!科学家把这种现象叫做"自我设限"。对自己的期望高一般往往会取得更好的结果。因为你觉得自己能成功,所以你真的会成功。通过提高自己的预期来提高工作绩效这一做法的术语是加拉提亚效应(也称皮格马利翁效应)。这种期望的自我实现效果已经由实验得到证明。在一次实验中,一位心理学家通过简单的面谈来提高测试对象对于自己的心理期望。他告诉他们,实验中的那些问题对他们来说并不难解决,那些因为受到鼓励而提高自我期望的测试对象要比没有受到鼓励的测试对象明显表现得更好。

要培养较高的自我期望以及积极的人生态度需要长期的过程,然而,这对于在各种环境中有效激励自己非常重要。

(七) 热爱工作

有效激励自我的另一个方法是热爱工作。如果你坚信大多数工作是有价值的,而且努力工作让人愉快,那么你就会受到很大的激励。让一个不怎么热爱工作的人转变对于工作的看法并不是一件容易的事情,但是如果他反复认真思考工作的重要性,并且向正确的榜样学习,那么他对于工作的看法变得更积极也不是不可能的。

(八) 挑战舒适区

舒适区最早是心理学的一个概念。顾名思义,舒适区就是一个使你感到非常舒服的社会环境,人在这种习以为常的环境内,会感到舒适、安全、温暖、轻松、愉悦。舒适区具有正面和负面两种作用。它是一种自我调节器,它对人有保护、稳定作用,能够起到一种避风港的作用。它象征着人的自我形象。它也决定了人对外界信息的接纳度。舒适区的突破意味着打破习惯,扩大行为范围和适应范围,在更大的范围内感到自在。

其实,"舒适"也需要付出代价。

正如我们大家都熟悉的"水煮青蛙"实验:第一次,实验者将青蛙放进到滚烫的沸水中,青蛙迅速作出反应,及时跳了出来;第二次,实验者再将青蛙放到了温水中,然后慢慢地加入开水,使温度升高。这一回,青蛙没有意识到水温的变化,反而感觉很舒服,甚至还在水中"蛙泳"。于是,当温度升到最高,青蛙想要挣脱的时候,一切都太迟了!青蛙在水中丧失了弹跳能力,最后无奈地被烫死!可怜的青蛙,它就这样轻易地在安逸的环境中放松了警惕,慢慢丧失了逃生的能力,最终成为了"温水"的牺牲品。不幸的是,我们大多数人都是"温水青蛙"!

老子《道德经》中有这样一句话:"孰能浊以止?静之徐清,孰能安以久?动之徐生。"舒适区最大的问题就是让我们失去生机,阻碍我们活得更加自在。

要活得更自在,意味着要突破现有的舒适区。突破舒适区,也就是提高心理承受力,也就是让我们的心灵成长。舒适区同时也意味着盲点,因为它淡化、麻木了我们对自己负面情绪的觉察。突破舒适区,也就是提高觉察力,提高我们的敏感度。

心理舒适区最常见的外在表现就是某些行为习惯,其实突破并不难,难的是自我意识。

如果你已经意识到了自己存在心理舒适区,那么足以说明你有突破的决心,基本已经成功一半了。常见的方法有两个:①逐步突破法:尝试着在自己心理舒适区外设定一个很容易达成的小目标,然后努力达成,达成后再继续设定,这样的话,你自然就可以慢慢地从心理舒适区突破出来。②替代法:坚持一种新的生活方式或行为,直到成为习惯。通常新的习惯可以代替老的习惯,但是老习惯在没有新习惯代替的情况下,却很难自己消失。

第二节 压力管理

"职场精英最怕什么?"曾经有人做过这样一个有趣的调查,调查的人群涵盖了大部分的行业:有人最怕死亡,有人最怕生病,有人怕加班,有人怕写程序,有人最怕失业,甚至还有人最怕怀孕。答案虽然形形色色,但几乎都和一个词有关,那就是——压力。

"压力就像一根小提琴弦,没有压力,就不会产生音乐。但是如果弦绷得太紧,就会断掉。你需要将压力控制在适当的水平——使压力的程度能够与你的生活相协调。"过度、持续的压力会导致员工严重的身心疾病,而对员工的影响更会逐步波及企业,使员工个人和企业都蒙受巨大的损失。但我们也知道力是相互的,没有压力便没有动力,适度、合理的压力对于员工的工作,对于企业的发展又是有益的、必须的。

所谓压力,是指个体对某一没有足够能力应对的重要情景产生的情绪与生理紧张反应。当你意识到威胁和挑战的时候,你的身体就会让你体验什么叫做压力。而压力诱发因素是指带来压力的外部或者内部力量。

一、导致工作压力的人格特质因素

不同员工具有迥异的人格特质,因此他们受到工作压力影响的程度也随之不同。

有4种特质会让人陷于工作压力中饱受煎熬,它们分别是A型行为、消极情感、知觉控制能力低下和自我效能低下。

(一) A型行为

一个具有A型行为的人往往是苛刻的、烦躁的以及过分努力的,因此他们容易感到紧张和忧虑。A型行为有2个主要的组成部分。其中的一个倾向是希望在很少的时间里完成很多的事情,这让具有A型行为的人变得苛刻和烦躁不安;另一个倾向是对他人充满敌意。正因为如此,具有A型行为的人总是被一些琐事惹得心烦意乱。在工作中,这些人往往富有攻击性,也非常努力。下班后,这些人还会忙碌于各种事务。

具有A型行为的人在年轻的时候就很容易患有各种心血管疾病,比如心脏病、中风等。但是需要指出的是,A型行为中只有一部分行为特征可能与心血管疾病相关。A 型行为中的敌意、发怒、吹毛求疵、疑心都会引发心血管疾病，而不耐烦、雄心壮志以及努力工作却不会直接引发心血管疾病。那些具有 A 型行为并且喜欢自己的行为风格的人往往比一般人更有能力，也过得更健康，这些人包括许多公司的高层经理和专业人士。另一项研究显示，那些具有 A 型行为的成功人士不但拥有很高的成就需要，而且往往也非常乐观。具有高成就需要的人往往血压较低，这样也就降低了心脏病突发的可能。

（二）消极情感（悲观）

消极情感是指容易体验消极情绪状态的倾向。更具体地说，具有消极情感的人容易感受到各种消极情绪，包括紧张、不安、忧虑、悲伤，同时还伴有各种消极行为，包括发怒、轻蔑、退缩、有负罪感以及对自己感到不满。具有这种消极特质的人往往过于在乎理想与现实之间的显著差距，一种情况对于他人来说也许是刺激而富有挑战的，而对于悲观的人来说就会变得压力重重。

最近有许多关于工作压力的研究显示消极情感这种特质并没有之前的那些研究认为的那么稳定。一种解释认为，消极情感受到所处环境的影响。然而，如果在人生过去的岁月中你总是那么消极，那么在将来你可能更容易受到压力的负面影响。

（三）知觉控制能力低下

控制倾向是指一个人相信是个人内部力量还是外部力量控制自己命运的倾向。控制倾向的一种特殊形式是知觉性控制能力，是指个人认识到自己能够控制事态负面影响的能力。对于 100 多项研究的总结分析指出，那些认为自己控制事态负面影响能力高的人在经受压力时，往往会较少发生生理或者心理症状，而且往往具有相对较高的工作满意度和相对较好的工作绩效。相反，认为自己控制事态负面影响能力低下的人在经受压力时往往遭受更多打击。

知觉性控制能力与工作压力之间的关系是这样的：如果人们相信自己能应对工作中潜在的负面事件，那么他们就不会总是忧心忡忡，进而减少工作压力，同时提高工作满意度。

（四）自我效能低下

斯坦福大学的心理学家艾伯特·班杜拉在他的研究中捕捉到积极思维的力量，并提出了自我效能的理论。对自己能力与效率的乐观信念可以获得很大的回报。自我效能和知觉性控制能力一样，也会影响一个人是否容易受到压力的负面作用。当员工感知到的控制能力以及自我效能都低下的时候，工作压力会产生更糟糕的后果，而自我效能高则可以有效缓解高强度工作带来的压力。

二、工作压力的来源

（一）重大的人生变故或工作变故

无论是对于生活还是工作而言，重大的人生变故总会产生非常大的压力。研究显示，被迫改变生活方式会产生压力，改变的程度越大，改变的时间越短，因为压力而身心失调的可能性就越大。

（二）工作中的角色问题

员工在工作中担负一定职责，扮演特定的角色，这是产生压力的重要来源。常见的问题有角色冲突、角色模糊、工作负担过重或过轻等。比如老板要求部门经理开除某员工，但这样做却有违于经理的价值观，这就产生了角色冲突；办事员在工作中收到让人混淆、甚至是自相矛盾的指令，这就产生了角色模糊；工作负担过重会让员工觉得工作永远跟不上计划，感到疲惫不堪，进而产生压力；员工总是希望通过努力能够自我实现，工作中无所事事一样会给他们造成压力。美国一项涉及400

多名不同类型公司员工的研究显示,无论负担过重还是过轻都会产生压力,工作太少所制造的压力比工作太多所制造的压力更多。

(三) 没有工作安全感或失业

在经济高速发展的全球化时代,员工会因为担心公司被兼并、收购或者组织结构重组而失去工作安全感。在缺乏安全感的状态下,工作中的政治斗争会比以往更加激烈,员工为了保证自己的工作,常常延长工作时间、降低工作薪酬、减少福利要求,由此产生了巨大的工作压力。失业比没有工作安全感所造成的压力更大。失业的员工比一般人更有可能会抑郁、自杀、犯罪。美国近年来枪杀公司同事之类的办公室暴力事件不断增多,这与失业压力增大密切相关。

(四) 恶劣的工作环境

权威的健康机构曾指出,恶劣的工作环境同样可以制造工作压力。危险的办公地点、混乱的办公环境、不符合人体工程学的办公设施等,都会加剧员工工作压力的产生。工作中偶尔发生的灾难也会造成极大的压力,比如"9.11"恐怖袭击就是造成最大负面影响的工作灾难,至今仍有不少美国白领担心类似袭击会再次发生,对在高楼中工作的员工产生了压力。

三、个人压力管理方法

(一) 整体规划

"一切尽在掌握",这种感觉本身就能很好地缓解压力。有选择地而不是被动地接受所面临的各种事情,或许使人感到轻松很多。最好的办法就是根据事情的轻重缓急列出清单,既能有一个整体规划,又能帮助将看似无绪的一堆问题分解成若干具体的小事,一件件应付起来就容易多了。完成一件,就在清单上划去一件,这样做带来的成就感足以鼓舞你将这一做法继续下去。

（二）提升工作能力

一个真正活得踏实的人是获得"个人安全感"的人。个人安全感的最主要的成分就是对自身工作的高度胜任。俗话说："艺高人胆大"。艺高人也自信、充实。的确，当你对工作高度胜任之时，你的面前就不会有很大的压力，即使有压力也能坦然面对。

（三）建立支持网络

支持网络是指一群可以听你倾诉并提供情感支持的人。这些人可以帮你度过艰难的时刻，他们可以让你觉得亲切、温暖，你也会觉得自己被他们接受。你可以及时将自己的困境向他们倾诉，以此来减少压力。

（四）尽量保持乐观

"无压"人士深信，事情总能朝着所期望的方向发展。所以，总是以最乐观的心情想象最好的结果。需要做的所有事都已经在进展当中，即使遇到麻烦，也一定会以最快的速度重新调整状态。如果仅把工作作为谋生的手段，对之毫无兴趣，就体验不到任何的乐趣与成就感。工作是繁重的，也是枯燥的，但未必没有一点乐趣。我们要努力去寻找这种乐趣，去体验其中的快感。

（五）学会分解、传递压力

要学会把压力分解、传递到你所在的团队的其他人身上。这不是推卸，什么事都是你一人做、一人担，别人也只好袖手旁观了。

（六）扮演好你在工作中的角色

角色扮演得成功与否，直接关系一个人的生活质量，社会关系状态以及自我的内心感受。从诸多实例显示，许多职场人士的工作压力在很大程度上来自于工作中没能正确扮演好自己的角色,即角色混乱所致。

(七) 做好时间管理

要由你来安排做事的时间,而不是由事情来占满你的时间。工作压力每每与时间的紧迫感相伴相生。职场人士总是感到事情堆积如山,时间不够用。这就要求由你自己主动地、有序地、合理地安排时间。譬如,根据事情的轻重缓急来安排解决时序;有些工作做在事件发生之前,而不是事后去救火。

(八) 经常幻想美好前景

用度过这次难关以后的美好前景来鼓励自己。"一个月以后,我还会为这事而懊悔吗?""一周以后,我还会为错过了这次会议而自责吗?""5分钟以后,我还会为同事刚才给我难堪而恼火吗?"这种将情景推向将来的假设,一定能让眼前的压力逐渐释放。

(九) 学会一些放松技巧

放松反应是指当你呼吸心跳放慢、血压降低、新陈代谢减慢时的身体反应。我们可以通过许多方法来激发这一反应,比如冥想、练习或者祈祷。通过练习学会放松反应以后,你在遇到压力的时候就不会非战即逃,而是冷静地、建设性地想办法解决问题。

第三节　应对问题人物

工作中总有一些难以相处的人,会使你的工作效率大幅下降,这些人之所以拖你的后腿并不仅仅是因为智力和能力的原因。从管理人员的角度来看,工作中的问题人物是那些有能力可以做得更好,但是却由于主观意愿而没有达到工作绩效标准的人。从员工个人的角度来看,如果一个同事难以合作,脾气暴躁、心理防备很强，并且充满敌意，那么这个同事就是一个问题人物。从下属的角度而言，如果一个上司难以合作、麻木不仁、易怒、心胸狭隘、富于攻击性、充满敌意，那么这个上司也是一个问题人物。这些人之所以会降低生产力是因为我们要花许多时间来处理他们那些不利于合作或者扰乱他人工作的行为。这样就无法集中精力于希望达成的目标上。有许多标准可以对这些工作中的问题人物进行分类，表5-1介绍几种主要的分类方法及表现。虽然这种分类方法的科学性不是很强，但却可以帮助我们来理解这些人的本质。

表5-1 几种问题人物的分类方法及表现

类型	表现
无所不知的人	他们在各个领域都自诩为专家。他们总是傲慢自大，对任何事情都想说几句。但是当自己犯错的时候，却不接受任何批评。
孱弱的人	他们满脸愁容，目光呆滞，与他人握手的时候也总是颤颤巍巍。他们不遗余力避免任何冲突，从不发表评论，也不让别人知道自己在想什么。
独裁者	他们威逼利诱他人，粗鲁到羞辱他人的地步。他们总是非常苛刻，而且粗暴地指责他人。这些人会让他人得病。
总是满口答应的人	他们总是满口答应别人的要求，但是很少说到做到。虽然他们看起来总是挺可怜的，有时看起来也挺可信，但千万不要相信他们能够信守自己的承诺。
消极悲观的人	他们总是消极悲观，总是很快说出某事为何会办不成。他们保守僵化，拒绝改变。他们会对组织里的所有人都泼冷水。
喋喋不休的人	他们好像从来就没有对任何事情满意过。但是，他们只是一味抱怨，却不愿意付诸行动改变现状。虽然他们说的也许有道理，但是他们这种消极、吹毛求疵的态度却会让人情绪低落。

一、专业地应对难以相处的人

在应对这些难以相处的人的时候，一个重要的原则就是要专业地去处理问题，而不要让个人情感牵涉其中。这些人也许并不是存心要为难你，只是你恰好成为他们实现自己目标的障碍。比如，一位顾客可能因为你出价过高而对你进行语言攻击，他其实并不是想对你个人进行攻击，他只是想讨价还价。人际关系培训师德鲁·斯科特举了一个例子来说明如何专业地应对这些难缠的人，避免感情用事。

一位机智的客户投诉受理代表告诉我们他是如何专业地解决问题的，在关键的时候他总是提醒自己："我从事这项工作是有偿的，这说明我是专业人士。那些和我打交道的人并不一定要喜欢我。我也不必喜欢他们，但是我可以通过专业地处理这些让人为难的情况来体现自己的价值，而且可以从中学到很多东西。"

如果你能专业地应对他人对你的污辱、冷漠和暗算，那么你在工作中感觉到的压力就会减轻，而且不容易受到这些事情的干扰。

二、直面问题

处理问题的第一步就是直面问题。在某些情况下，只需直面问题就能解决问题。一位员工只需对另一位烦人的同事说："请不要再提出每天中午花两个小时进餐的建议了，否则我将考虑不和你共进午餐。"也许你这样说了以后，那位同事就不会再提出过分的要求。

之所以不愿意和那些制造麻烦的人当面把问题说清楚的一个主要原因是，当我们打算这样做的时候，总会回想起别人直指自己时那种芒刺在身的感觉，特别是老板指责自己时那种不舒服的感觉。当一个管理人员将要当面指出下属的某些工作开销已经超出正常水平的时候，他会这样想："如果我的老板告诉我，我的差旅费用已经让公司难以承受，我肯定会觉得非常难受。也许我应该再等等看,他自己也许会意识到问题的存在。"

为了让与工作中的问题人物直面问题的过程更加顺利,你可以采纳 7 种建议,解决问题的前提是直面问题,否则,你希望加以改变的某些人的行为就无法改变。因此,这些建议值得你认真考虑。

1. 清晰地界定可以被接受的行为与不能被接受的行为之间的界限

当你能够清晰界定这个界限的时候,往往能更加顺利地与当事人探讨相关问题。比如,到底什么才是粗鲁行为?由于粗鲁的行为很多,也许你需要灵活的标准来界定什么是非常粗鲁的行为。比如,你可以认为那些在闲聊个人生活的时候阻塞通道的行为是粗鲁的行为。或者你也可以在心里清楚在办公室里什么样的玩笑可以被接受。在对具体行为进行界定的时候,也可以参考一下公司的相关政策规定。

2. 试图在正面探讨问题的时候让气氛变得轻松

如果你表现得过分紧张,就可能让那些工作中的问题人物觉得你对自己的立场不是非常自信。你可以在与当事人正式面谈之前,找自己的朋友好好演练一下,这样有助于缓解紧张情绪。

3. 立即切入正题

在进行这一类敏感面谈的时候,人们总是浪费太多的时间讨论一些不相关的话题。那些有关假期、运动的话题在其他类型的谈话中可以作为热身,但在与那些工作中的问题人物一起谈论他们无法为他人接受的行为时就一定要迅速切入主题。

4. 不要因为面谈而觉得抱歉

你有权要求在工作中与他人建立富有建设性的关系。比如,没有必要说:"我所说的与事实还有一定差距,但是你不应该在每次我无法立刻答应你的请求的时候狠狠地把门关上。"即便你的观察有误,也应该让对方来纠正你。

5. 不要以充满敌意的方式向对方说明问题

在向对方说明的时候应该表现出诚意,而不是敌意。由于正视问题往往意味着双方会发生冲突,所以这一过程也非常容易引发敌意。因此不要在与对方谈话的时候表现出敌意,或者让对方误解。因为这样做很可能让对方把你的谈话理解为报复和惩罚,而不是为了解决问题。

6. 谈论与工作相关的问题

有一个办法可以有效改变那些制造麻烦的不良行为,那就是告诉当事人他这样做在工作上会有什么严重后果,这样做第一表明你是为了解决工作中的问题,第二也可以让对方意识到一意孤行的严重后果。千万不要把自己的感情、态度、价值观牵涉其中。下面我们不妨来看看两种做法的区别:

经理对销售员说:我希望你对顾客有更多的微笑。当面对微笑的时候,顾客会购买更多的商品。

经理对销售员说:我希望你对顾客有更多的微笑。如果你的态度不端正,那就很难成为优秀的售货员。

一位经理对另一位经理说:请不要再讲脏话了。如果你继续这样做,会丧失员工对你的尊重。

一位经理对另一位经理说:请不要再讲脏话了。没有什么比讲脏话的经理更糟糕的了。

7. 表现出你的重视

有专家建议在向那些工作中的问题人物说明问题的时候一定要表现出对此事非常重视。因为一般情况下人们更加容易逃避问题,重视程度的增加有利于问题的解决。如果逃避面对问题的话,可以肯定问题不会被解决,情况只会越来越糟。

三、建设性批评的艺术

在直面问题的时候免不了要对那些制造麻烦的行为提出批评，其最终目的是要改变那些难以被人接受的行为。在工作中，接受批评对于任何人来讲都不是一件容易的事情，就更不用提那些工作中的问题人物自愿接受批评并改正的行为了。人们总是把许多感情因素夹杂在工作中，因此非常容易把他人善意的批评理解为对自己的攻击。

另外一个问题就是员工之间的竞争。批评可能被视为贬低他人工作并为自己赢得竞争优势的手段。

下面就是一些对那些工作中的问题人物进行建设性批评的一些建议。而且，这些建议同样适用于工作中的其他情况。

1. 私下进行批评

建设性批评的一个基本原则就是私下进行批评。如果在大庭广众之下批评他人，那么被批评者只会变得对你更加戒备，而且不在工作区域进行批评对于被批评者来讲，也不太容易把批评理解为威胁。公司的餐厅、停车场或者有自动售货机的休息区域都是进行私下批评的好地点。

2. 从强度适中的批评开始

即便出于善意，一下子进行非常严厉的批评也会极大地伤害被批评者的自尊心，而且会引发对你的防备行为。因此，最好从强度适中的批评开始，如果有必要的话，再渐渐加大批评的强度。过于严厉的批评还有一个问题，就是被批评者会一下反应不过来。

3. 最好把批评建立在客观事实上，而不是主观认知上

人们之所以不接受许多批评是因为他们认为那些批评无效。如果有客观事实作为批评依据，那么批评被接纳的可能性就会大幅度提高，假如一个非常和蔼可亲的同事没有给你充足的信

息让你完成工作，那么，建立在主观认知基础上的批评可以是这样的："由于你的不合作，我的工作被弄得一团糟。"而建立在客观事实上的、更为有效的批评是这样的："因为你没能够为我提供足够的信息，所以我没有办法完成提交给我们老板的报告。"

4. 就共同的目标来表述你的批评

如果你的批评能够帮助双方达成共同的目标，那么批评奏效的可能性会成倍增加。运用加强合作而不是竞争或者责备的词语，比如，"如果你能在我撰写报告的同时再核实一下统计数据是否准确，那么我们很快就能完成这份报告。"但如果你换一种说法，可能就会碰到麻烦："如果你不快点核实完统计数据，我就没有办法准时完成报告。"

5. 避免扮演老板的角色

许多人在批评他人的时候会把自己放在老板的位置上，而这样做往往会让被批评者非常愤怒，即便你的批评是出于好意，他也难以接受。当你让对方觉得你有支配他的权力，而其实你并没有这种权力的时候，就会让人产生误解。比如你说："如果你不能在今天下午之前完成这份计划，那么你就必须加班了。"

6. 当批评上司的时候，说明他的行为可能会降低自己的工作绩效

当批评上司的时候，需要格外小心，特别当你的上司不太容易相处的时候。一个非常重要的原则就是，在批评的过程中一定要指出上司的行为无论是出于多么好的意愿，都正在降低自己的工作绩效，并且说明其产生负面影响的具体过程。

四、解读工作中的问题人物所使用的权术手腕

在工作中经常会有人玩弄权术。权术手腕往往是指表面目的与潜藏的真实目的不一致的行为。玩弄手腕的人往往不会堂

而皇之地把自己的真实目的公之于众，而是将其掩盖在看似可行、善意的表面动机之下。

只需稍加练习，你就能有效识别那些工作的问题人物所使用的手腕。当你可以对其进行辨识，并将其真实目的摆在对方面前的时候，玩弄手腕的人也许就会罢手，并且更加诚实地和你讨论如何解决问题。人们对于那些常用的手腕冠以非常形象的名字，常见的有以下5种。

（一）背后捅刀子

在背后捅刀子的人往往表面假装善意，但是其真实目的是诋毁或者清除那些对自己构成威胁的人。他们所使用的一种伎俩是邀请对自己造成威胁的人聊天，在聊天的过程中引诱对方对他们共同的上司说些负面的评价，随后将这些话记录下来，在合适的时候呈送给上司看，这样上司就会觉得说这些话的人对自己不忠。在组织进行机构精简的时候，这一招会被频繁使用，因为使用这一手腕的人希望通过这种方式排挤其他人来保住自己的工作岗位。

（二）吹毛求疵

当管理人员希望下属听话顺从的时候经常会使用这一手腕。上司往往会挑剔下属完成的每一项工作。上司也许会这么说："玛丽，你的报告完成得不错，但是结论有些问题，好像和你的正文联系不紧密。"要对这位吹毛求疵的老板进行反驳，可以这么说："对我的工作，你是不是每次都要挑出一个错误来呢？你对于这个问题的回答对我的工作非常重要。"

（三）寻找替罪羊

逃避责任的一个办法就是把自己的错误怪罪在别人的头上。玩弄这一伎俩的人往往通过寻找借口来博得他人的同情。一个员工也许会说："我迟到一个小时让你不开心了，对此我非常抱歉。要不是交通阻塞，我原本可以提前到办公室的。"对于这种借口，你可以这么反驳："自从我认识你的时候，你就一直走这条路线上班。你为什么不提前 30 分钟离开家呢？如果你提前到的话可以在办公室里看会儿报纸，喝一杯咖啡。为何要把自己的迟到怪罪于交通状况不好呢？你应该怪罪你自己。"

（四）设定的目标过高

少数上司会希望你失败。他们所采用的办法就是给你设定过高目标，这样你就很难达成。你不但会感到受挫，而且还会受到上司的冷嘲热讽。你的上司会批评你不但没有达到目标，而且工作态度不积极。

（五）两面三刀

两面三刀的管理人员往往具有分裂的人格。当他们和上司、客户接触的时候往往让人非常愉悦，而在面对下属的时候，却脸一转变成了暴君。具有这种心理的人相信在满足自己控制和自尊的需要时，无法同时满足被团队成员喜爱的需要。因此，他们不遗余力地想要控制自己的下属，希望通过这一过程达到组织的目标，进而赢得自尊。

那些没有遵照这种上司指令行事的下属会遭受公开指责。这种上司所使用的一个基本策略就是永远也不让自己的上司看到自己暴戾的一面。因此，当有下属对其行为越级投诉的时候，公司的更高层管理人员往往很难相信他们反映情况的真实性。

人们很难应对这种上司，因为他往往会采取报复手段。但是，如果有几位下属一起在团队会议上对上司提出批评的话，他可能会对自己的行为有更深刻的认识，并有所收敛。如果这么办还是没有成效，那么最后只能一起越级向高层管理人员汇报上司的不当行为。而且，应该在汇报过程中说明其上司行为可能对工作造成的严重后果。

五、应对麻烦的顾客

在客户满意度受到广泛重视的今天，顾客会时不时地提出各种各样的要求，因为他们知道自己大权在握。而对于那些与客户接触的员工个人而言，必须掌握相应的技巧，否则一直伪装自己的情绪会导致精神混乱，并感觉压力重重。艾里西亚·葛兰蒂把情绪劳动定义为规范自己的情感及表达方式以达到组织目标的过程。这一过程包括表层和深层的扮演。表层的扮演包括假装微笑等，深层的扮演包括控制自己的情感，比如在面对不文明顾客的时候压制内心的愤怒等。销售人员和客户服务人员在所有员工中需要承载最繁重的情绪劳动，因为他们总是要为了取悦顾客而扮演一些内心不愿意扮演的角色。

在应对麻烦的客户时，相信本章提到的许多技巧都是适用的。在面对愤怒而难缠的顾客时，我们还可以采纳唐娜·迪普罗斯的建议。

1. 承认顾客的观点

可以运用一些这样的语言："我理解您的想法""我同意"或者"对不起"。如果顾客说："你们银行在记账的时候少算我1 000美元，我要求你们即刻更正。"你可以这样回答："我知道我们的错误给您带来了许多不便。我们会立即查实您所反映的问题，并及时解决。"

2. 不要怪罪顾客

如果你一味强调顾客对问题负有责任，那么这样做只能更加激化矛盾。对于银行账户透支的顾客，不要说："如果您自己保持良好记录的话，就不会发生透支的问题了。"

3. 说一些有助于缓解顾客愤怒的话语

比如，"我知道您碰到了问题""我同意问题必须得到解决""很抱歉您碰到了这样的问题"等。

六、应对各类问题人物的有效方法

在应对问题人物时，不能指望使用一种方法就能奏效，而

第五章 应对职场问题

应该用一系列的方法,如果第一招没有效果的话,那就实施备选方案。下面介绍的 4 种方法,无论是在你与难缠的人交往还是与正常人交往的过程中,都能够帮助你改善人际关系。

(一) 运用必要的手段

通常没有人愿意去招惹有问题的人。如果你运用恰当的手段,那么有时往往不需要直接和他们挑明问题,就能解决问题。比如,吵闹的员工聚集在你的门外,那么你可以通过关门给予他们一定的暗示。如果这些微妙的暗示不能奏效,那么你必须使用已经介绍过的技巧以恰当的方式直接和他们把问题讲清楚。在这一过程中提及对方的优点有利于消除他们的防备心理。比如,你可以说:"我知道你很有创造力,总会想出好点子。但是,我希望你能给我机会表达自己的观点。"

(二) 使用幽默

不带有敌意的幽默往往能够让那些制造麻烦的人意识到他们的行为如何影响了他人正常的工作,而且,幽默也可以帮助你避免和对方产生不必要的负面冲突。幽默必须针对对方不受欢迎的行为,而不能用来鄙视对方。比如,你和一个同事一起完成一份报告。你每次把自己写的内容给对方看的时候,他总会挑出许多错误来,你怀疑他是在吹毛求疵。你可以这样使用没有敌意的幽默来改变他的行为:

朱迪,我知道你做事向来追求完美,但是难道你不担心我的心理健康吗?我听说不遗余力地追求绝对完美会增加许多心理压力。

你的幽默可能会让对方意识到在审阅你写的报告的时候要求过高了。当你自嘲的时候,对方往往难以对你加以批评。而且,自嘲本来就是一种非常实用的幽默手段。

（三）给予认可和情感

那些工作中的问题人物有时像淘气的孩子，他们之所以制造麻烦是为了引起人们的注意。当给予他们认可和情感支持的时候，他们的不良行为也许就会停止。但是，如果你发现即便这么做也无济于事，那么他们的这些行为很可能是由于更深层次的原因造成的，单独运用这种方式是无法解决问题的，需要一起使用其他的方法。不妨看一下下面的例子。

【经典案例】

瑞奇是一位职业摄影师，他有一个很让人讨厌的毛病，那就是在工作会议上与客户讨论的时候经常打断对方的发言。在一次与一位重要客户商讨的过程中，他突然大叫："我是拍摄风景照的专家，如果你想要拿到令人满意的作品，那就最好听我的！"曼迪是瑞奇的老板，曼迪尝试着每周花上几分钟时间告诉瑞奇他是一个多么了不起的摄影师，以及摄影工作室多么离不开他。他说得并不夸张，瑞奇确实很有才华。不仅如此，曼迪还安排瑞奇的部分杰作在当地的摄影展上展出。

瑞奇改变了自己的行为，他变得更加克制和包容。他的同事说："我真不知道到底发生了什么，现在和瑞奇相处容易多了。"

（四）增强问题人物的自信

许多制造麻烦的问题人物往往缺乏自信心和自尊心。他们用逃避的消极方式来处理问题是因为害怕失败。你可以与上司和同事合作，把问题人物安排在一个能够取得成功的项目中工作。只要小小的成功就能够给他树立一点点自信，也许他就会停止抱怨。再加一点成功，他也许就会变得不那么令人讨厌了。

第四节　时间管理

歌德说过:"善于利用时间的人,永远有充裕的时间"。有的时候可能会遇到这样的情况,在规定的时间内要完成所有的事情,这时有人就抱怨,怎么事情都凑到了一起。如果你有太多的事情要做,却只有很少的时间;如果你想让自己所做的事情更有条理,却不知道如何入手,那你就应该好好学习时间管理了。

有效的时间管理行为分为三个方面:第一,时间管理意识,包括时间价值感、时间敏感性、对时间的自觉控制、时间管理的情感、动机因素等;第二,时间管理策略,包括设置目标优先级、计划和安排、反馈性;第三,实施时间管理坚持力,指在具体的情境中时间管理的有效性,其受自律性、坚持力、节律性、效能感等的影响。

一、正确看待时间管理

无论你现在工作如何,有一种资源是你做任何事情都需要的,那就是时间。要积极看待时间管理的作用,这种积极的心态将影响你的工作、生活。虽然找到适合自己的个性化的时间管理方法需要一定的时间,正确的观念、积极地践行是加速这个过程的必备基础。

时间管理受到许多因素的影响,在特定的事情或者针对某个人而言,能够发挥作用的时间管理方法各有不同,因人而异。有的方法要结合个人特点,灵活处理,不能不假思索地接受别人的建议。

美国心理学之父威廉·詹姆士通过对时间行为学的研究,发现有两种对待时间的态度,一种认为:"这件工作必须完成,但是它太讨厌,所以我尽量能拖就拖",另外一种认为:"这不是件令人愉快的工作，但是必须完成，我要马上动手，尽早摆脱它。"

二、采纳有效的时间管理方法

1. 对自己的习惯做出准确评价

可以通过时间日志来了解自己的情况。时间日志要准确地记录每天做的事情，至少连续记录一周，记录的人通常会惊讶地发现，自己在某些活动上花费的时间比原来自己认为的要多，而某些重要事情占据的时间却比自己预想的要少。通过记录和评价，了解自己的时间利用情况，这将帮助其明确下一步努力的方向。

2. 认真制订并执行工作计划

凡事预则立，不预则废，要将自己要做的事情列出清单，而且一定要列书面计划。这个计划可以是日计划、周计划、月计划等。

日计划就是每天要花一些时间规划自己的活动。你做出计划，付诸行动的就是你的每一天。无论何时，你都可以写下当天的工作。即使你的日计划仅能成为一个有效快速的过程（工具表单）。日计划的5个步骤：写下任务；估计做事的时间长短；留些缓冲时间给未预见的事情；确定优先顺序，简化及授权；追踪与检讨。

3. 掌握关键管理策略

优先顺序：决定哪件事情必须先做，哪些事情可以延缓处理等，明确任务的等级。

4. 设置任务的最终期限

所有人对于最终期限都很熟悉，在时间管理中，要懂得设置任务的最终期限，这可以让你认识到可以控制自己的时间和资源。

5. 紧急事件

紧急事件是消耗时间的主要事项，当你正准备处理重要事情的时候，某件完全意想不到的事情发生了，让你无法处理主要任务，有时因为这个原因浪费的时间可能达几个小时或更久。

第六章 维护权益

第一节 工资待遇

一、工资

工资是指用人单位依据国家有关规定或劳动合同的约定,以货币形式直接支付给劳动者的劳动报酬,包括用人单位支付的基本工资、奖金、津贴、补贴、加班加点工资以及特殊情况下支付的工资等。

(一) 不属于工资的劳动收入

工资是劳动收入的主要组成部分,但不是所有的劳动收入都属于工资的范围,以下劳动收入就不属于工资的范围。

①单位支付给劳动者的社会保险福利费用。如生活困难补助费、计划生育补贴等。

②劳动保护方面的费用。如用人单位支付给劳动者的工作服、解毒剂、清凉饮料费用等。

③按规定未列入单位工资总额的各种劳动报酬及其他劳动收入。如根据国家规定发放的创造发明奖、合理化建议奖、技术改进奖等。

(二) 最低工资保障制度

我国实行最低工资保障制度。最低工资是指劳动者在法定的工作时间或依法签订的劳动合同约定的工作时间内提供了正常劳动的前提下，所在的用人单位应当支付的最低劳动报酬。所谓法定工作时间，是指国家工时制度规定的时间，我们通常所说的每日工作不超过 8 小时、每周工作不超过 40 小时，就是普遍实行的法定工时制度形式。所谓正常劳动，是指按依法签订的劳动合同约定，在法定工作时间或劳动合同约定的工作时间内从事的劳动。最低工资标准每年会随着生活费用水平、职工平均工资水平、经济发展水平的变化而由当地政府进行调整。下列各项不作为最低工资的组成部分：

①加班加点工资。

②中班、夜班、高温、低温、井下、有毒有害等特殊工作环境和条件下的津贴。

③国家法律法规和政策规定的福利待遇。

实行计件工资或提成工资等工资形式的用人单位，在科学合理的劳动定额基础上，其支付给劳动者的工资不得低于相应的最低工资标准。

非全日制用工小时计酬标准也不得低于当地最低小时工资标准。

二、工资的支付

《中华人民共和国劳动法》（以下简称《劳动法》）和《中华人民共和国劳动合同法》（以下简称《劳动合同法》）明确规定，用人单位应当按照劳动合同约定和国家规定，向劳动者及时足额支付劳动报酬，不得克扣或者无故拖欠劳动者的工资。

①工资应当以法定货币支付，不得以实物及有价证券代替货币支付。

②用人单位应将工资支付给劳动者本人。劳动者因故不能领取工资时，可委托他人代领。用人单位可委托银行代发工资。

③用人单位支付工资时应向劳动者提供工资清单，上面要有姓名、支付的工资项目、工资数额、支付时间等。

④工资至少每月支付一次,而且要在约定的日期支付,如遇节假日、休息日,则应提前到最近的工作日支付。

⑤如果依法解除或终止劳动合同,用人单位应在解除、终止劳动合同时一次性付清工资。

⑥劳动者在法定工作时间内依法参加社会活动期间,用人单位应视同提供了正常劳动而支付工资。

⑦劳动者依法享受年休假、探亲假、婚假、丧假期间,用人单位应按劳动合同规定的标准支付工资,但事假期间可以不支付工资。

⑧非因劳动者的原因单位停工,在一个工资支付周期内,应按劳动合同规定的标准支付工资。

三、加班工资的计算

《劳动法》规定,用人单位不得违法随意延长工作时间,因生产工作需要依法延长工作时间的,必须支付高于劳动者正常工作时间的工资报酬。

①正常工作日延长工作时间的,支付不低于工资的150%的工资报酬。

②休息日安排加班又不能安排补休的,应支付不低于工资的200%的工资报酬。

③法定休假日安排加班的,应支付不低于工资的300%的工资报酬。

实行计件工资的劳动者,在完成计件定额任务后,由用人单位安排延长工作时间的,应分别按不低于本人法定工作时间计件单价的150%、200%、300%支付其工资。

经人力资源社会保障部门批准实行综合计算工时制的,其综合计算工作时间超过法定标准工作时间的部分,视为延长工作时间,并按规定支付延长工作时间的工资。

四、合法扣除工资的情况

员工的工资是受法律保护的,单位必须按时足额支付。但有下列情形之一的,用人单位可以从工资中代扣。

①由于劳动者本人过失造成事故,使单位或他人财产遭受损失,按规定应赔偿的费用。

②劳动者应当偿还的本人拖欠用人单位的债务。

③劳动者违反劳动纪律旷工或事假超过一定期限,按本单位有关管理制度扣除的一定数额的工资。

④用人单位代扣代缴的个人所得税。

⑤用人单位代扣代缴的社会保险费用。

⑥法院判决、裁定中要求代扣的抚养费、赡养费。

⑦法律、法规规定可以从工资中扣除的其他费用。

另外,按照劳动合同约定和法律法规规定,劳动者给用人单位造成经济损失应当赔偿的,这部分赔偿费用可以从劳动者的工资中扣除,但扣除部分不得超过劳动者当月工资的20%,且扣除后的工资不得低于当地最低工资标准。

五、无故拖欠劳动者工资的情况

原劳动部办公厅印发的《关于〈中华人民共和国劳动法〉若干条文的说明》中规定:"'无故拖欠'应理解为,用人单位无正当理由在规定时间内故意不支付劳动者工资。"原劳动部发布的《对〈工资支付暂行规定〉有关问题的补充规定》中规定:"无故拖欠系指用人单位无正当理由超过规定付薪时间未支付劳动者工资。"以下情况不属于无故拖欠劳动者工资。

①用人单位遇到非人力所能抗拒的自然灾害、战争等原因,无法按时支付工资。

②用人单位因生产经营困难、资金周转受到影响,在征得本单位工会同意后,可暂时延期支付劳动者工资,延期时间的

最长限制可由省、自治区、直辖市人力资源社会保障行政部门根据各地情况确定。

六、克扣、拖欠工资的处理

按照法律法规规定,用人单位应当将工资以货币的形式按时足额支付给劳动者,不得以任何名目克扣和无故拖欠。如果用人单位未按劳动合同约定或国家规定向劳动者及时足额支付劳动报酬,或低于当地最低工资标准支付劳动者的工资,或安排加班不支付加班费,劳动者可以向人力资源社会保障部门举报,由人力资源社会保障部门责令限期支付,逾期不支付的,加付 50%~100% 的赔偿金。

对于用人单位不按劳动合同约定及时足额支付劳动报酬的,也可以依法向当地人民法院申请支付令,督促用人单位履行义务。

第二节 休息休假制度

一、工时制度的有关规定

我国现行的工时制度主要有以下 3 种形式。

1. 标准工作时间

根据《劳动法》和《国务院关于职工工作时间的规定》,我国现行的标准工作时间实行的是每日工作时间不超过 8 小时、每周工作时间不超过 40 小时的工时制度,适用于我国境内的一切用人单位和职工。

2. 不定时工作制

不定时工作制是指每一工作日没有固定的上下班时间限制的工作时间制度。它是针对因生产特点、工作特殊需要或职责范围的关系，无法按标准工作时间衡量或需要机动作业的职工所采用的一种工时制度。企业中的下列3类职工经人力资源社会保障部门审批，可以实行不定时工作制：

①企业中的高级管理人员、外勤人员、推销人员、部分值班人员和其他因工作无法按标准工作时间衡量的职工。

②企业中的长途运输人员，出租汽车司机和铁路、港口、仓库的部分装卸人员以及因工作性质特殊，需机动作业的职工。

③其他因生产特点、工作特殊需要或职责范围的关系，适合实行不定时工作制的职工。

3. 综合计算工时工作制

综合计算工时工作制是针对因工作性质特殊，需连续作业或受季节及自然条件限制的企业部分职工，采用以周、月、季、年等为周期综合计算工作时间的一种工时制度。在综合计算工作时间的周期内，具体某一天、某一周等的工作时间可以超过8小时或40小时等，但是，在综合计算工作时间周期内，平均日工作时间和平均周工作时间应与法定标准工作时间基本相同。根据规定，用人单位符合下列条件之一的职工，经过人力资源社会保障部门批准后，可以实行综合计算工时工作制。

①交通、铁路、邮电、水运、航空、渔业等行业中因工作性质特殊，需要连续作业的职工。

②地质及资源勘探、建筑、制盐、制糖、旅游等受季节和自然条件限制的行业的部分职工。

③其他适合实行综合计算工时工作制的职工。

需要特别注意的是，如果未经人力资源社会保障部门批准，企业不得自行实行不定时工作制和综合计算工时工作制。

二、延长工作时间的有关规定

延长工作时间是指用人单位经过一定程序，要求劳动者超过法律法规规定的最高限制日工作时数或周工作天数而工作，人们习惯称其为加班加点。《劳动法》对延长工作时间的规定为：

①用人单位不得违法随意延长工作时间，或者强迫劳动者延长工作时间。这是一个基本规定。

②用人单位因生产经营需要可以延长工作时间，但必须与工会和劳动者协商，在保障劳动者身体健康的条件下延长工作时间，一般每日不得超过 1 小时，特殊原因每日不得超过 3 小时，每月不得超过 36 小时。

③用人单位在有下列情形之一时，可以不受上述规定限制延长工作时间：发生自然灾害、事故或由于其他原因，威胁劳动者生命健康和财产安全，需要紧急处理的；生产设备、交通运输线路、公共设施发生故障，影响生产和公共利益，必须及时抢修的；法律、行政法规规定的其他情形。

三、女职工特殊假期的有关规定

为维护女职工的合法权益，减少和解决女职工在劳动和工作中因生理特点造成的特殊困难，必须对女职工实行特殊保护。

根据《劳动法》和《女职工劳动保护特别规定》等的规定，怀孕 7 个月以上的女职工，不得安排其延长工作时间和夜班劳动，在劳动时间内应当安排一定的休息时间。劳动时间内进行产前检查的，所需时间计入劳动时间。

女职工的产假为 98~158 天不等，全国各地的规定不一。

女职工怀孕未满 4 个月流产的，享受 15 天产假；怀孕满 4 个月流产的，享受 42 天产假。

对哺乳未满 1 周岁婴儿的女职工，用人单位不得延长劳动时间或者安排夜班劳动。用人单位应当在每天的劳动时间内为哺乳期女职工安排 1 小时的哺乳时间；女职工生育多胞胎的，每多哺乳 1 个婴儿每天增加 1 小时哺乳时间。

四、病假的有关规定

在劳动关系履行过程中,劳动者难免发生因患病需要停止工作进行治疗和休养的情况,在劳动者患病治疗及休假期间,用人单位应当向劳动者支付病假工资,而不得扣除全部的工资。

病假工资的标准,按照原劳动部《关于贯彻执行〈中华人民共和国劳动法〉若干问题的意见》的规定,职工患病或非因工负伤治疗期间,在规定的医疗期间内由企业按有关规定支付其病假工资或疾病救济费,病假工资或疾病救济费可以低于当地最低工资标准支付,但不能低于最低工资标准的80%。

需要特别提示的是,原劳动部关于病假工资标准的规定是最低标准,如果各地关于病假工资支付的规定高于原劳动部标准,则按照地方性规定执行。用人单位可以在规章制度或劳动合同中就病假工资进行规定或约定,但不得低于地方性规定,也不得低于最低工资标准的80%。

五、带薪年休假的有关规定

职工连续工作满12个月以上的,可以享受带薪年休假。年休假天数根据职工累计工作时间确定。职工在同一或者不同用人单位工作期间,以及依照法律、行政法规或者国务院规定视同工作期间,应当计为累计工作时间。

职工累计工作已满1年不满10年的,年休假5天;已满10年不满20年的,年休假10天;已满20年的,年休假15天。

国家法定休假日、休息日不计入年休假的假期。

符合休带薪年休假条件的职工到新单位工作的,当年度年休假天数,按照在本单位剩余日历天数折算确定,折算后不足1整天的部分不享受年休假。

需要特别提示的是,职工连续工作12个月可以享受带薪年休假,这里的"12个月"不是指在本单位工作满12个月,而是指职工曾经连续 12 个月不间断工作。很多用人单位在规章制度中规定，只有在本单位工作满 1 年的，才可以享受带薪年休假，这种规定是不合法的。

根据《职工带薪年休假条例》的规定，职工有下列情形之一的，不享受当年的年休假：

①职工依法享受寒暑假，其休假天数多于年休假天数的。

②职工请事假累计 20 天以上且单位按照规定不扣工资的。

③累计工作满 1 年不满 10 年的职工，请病假累计 2 个月以上的。

④累计工作满 10 年不满 20 年的职工，请病假累计 3 个月以上的。

⑤累计工作满 20 年以上的职工，请病假累计 4 个月以上的。

如果职工已经休完了当年度的带薪年休假，之后又发生了不应当休假的情况，如何处理？对此，《企业职工带薪年休假实施办法》规定，职工已享受当年的年休假，年度内又出现上述第②③④⑤四种情况之一的，不享受下一年度的年休假。

第三节　社会保险

根据《劳动法》的规定，我国的社会保险包括养老保险、医疗保险、工伤保险、失业保险和生育保险，这也就是人们常说的"五险"。在你丧失或者暂时丧失劳动能力，中断劳动、失去劳动报酬时，社会保险使你能够从国家和社会获得物质帮助。这种物质帮助包括现金给付和提供社会服务。

一、为什么要参加社会保险

社会保险是按国家法律规定强制实施的保险制度，凡在实施范围内的单位和个人都必须参加，并按照规定的费率缴费。

俗话说：天有不测风云，人有旦夕祸福。人的一生，生、老、病、死、伤在所难免，劳动者一旦在生产中丧失或者暂时丧失劳动能力，失去了生活来源，那么由于参加了社会保险，就可以依照法律规定得到社会保险提供的物质帮助，解决靠个人和家庭难以解决的困难。

《劳动法》规定，用人单位和劳动者必须依法参加社会保险，缴纳社会保险费。《劳动合同法》明确规定把社会保险列入劳动合同的必备条款。可见，为劳动者缴纳社会保险费是用人单位对劳动者法定的强制性义务，这种义务不允许用人单位和劳动者之间采用协议的方式解除。因此，规避法定义务的做法，是一种违法行为；而明知应办理社会保险而不办理，也是错误的。另外，参加社会保险也并不吃亏。以养老保险为例，参加养老保险后，单位和个人都要按规定缴纳养老保险费，个人缴费的部分，社会保险经办机构为他建立个人账户，将来的养老保险待遇水平，是和这两部分缴费直接挂钩的。所以参加养老保险不仅不吃亏，反而是有利的。相反，如果不参加社会保险，年老或发生其他意外时，没有任何社会保险的帮助，确实后患无穷。

二、参加社会保险能享受什么待遇

（一）基本养老保险

基本养老保险是依靠国家、用人单位和个人共同的力量，通过用人单位和劳动者个人缴费以及国家财政补助建立养老保险基金，发挥互助互济功能，使劳动者年老丧失工作能力时得到基本生活保障。2014年2月，人力资源社会保障部、财政部印发的《城乡养老保险制度衔接暂行办法》规定，参加城镇职工基本养老保险或城乡居民基本养老保险的，两种制度可以办理衔接手续，解决了养老保险关系衔接问题。参加基本养老保险，员工应了解以下几点政策精神。

①我国所有城镇企业及其职工,以及城镇个体工商户及其帮工都应参加基本养老保险。

②参加基本养老保险后,如果符合国家规定的退休条件,从办理退休手续之月起,就可按月领取基本养老金。基本养老金待遇水平与缴费年限的长短、缴费基数的高低、退休时间的早晚直接挂钩。

③对达到法定退休年龄,缴费年限未满15年的人员,可以转入户籍地城乡居民基本养老保险,合并年限,按国务院规定享受相应的养老保险待遇。当然,如果坚持退保,经本人书面申请,社保经办机构也可以将本人个人账户中的全部储存额一次性支付给本人。

④如果与企业解除或者终止劳动关系,可以到社会保险经办机构请求封存养老保险关系,等再次就业时,前后缴费年限可累计计算。

⑤参保人员跨省流动就业的,由原参保所在地社会保险经办机构开具参保缴费凭证,其基本养老保险关系应随同转移到新参保地。参保人员达到基本养老保险待遇领取条件的,其在各地的参保缴费年限合并计算,个人账户储存额累计计算;未达到待遇领取年龄前,不得终止基本养老保险关系并办理退保手续。参保人员转移接续基本养老保险关系后,符合待遇领取条件的,按照国务院规定享受基本养老保险待遇。

(二) 基本医疗保险

到企业中工作,最怕的就是生病,特别是生大病,多少家庭因病而陷入贫困。基本医疗保险虽然不能满足员工全部的医疗需求,但可保证员工的基本医疗需求。参加基本医疗保险,需要着重了解以下几点。

①基本医疗保险费由用人单位和个人共同缴纳。个人缴费全部划入个人账户,单位缴费的30%左右也划入个人账户,个人账户的本金和利息归个人所有,可以结转使用和继承。

②个人账户主要用于支付因病诊疗时,需要个人负担的医疗费用,如门诊、急诊的费用,到定点药店买药的费用,统筹基金起付标准以下的费用等。

③统筹基金起付标准以上、最高支付限额以下的费用,主要从统筹基金中支付,个人也要负担一定比例。

生育保险已并入基本医疗保险,因产假、怀孕、流产、引产、节育等费用可从基本医疗保险中报销。

(三) 工伤保险

工作中难免会受到意外伤害,有时也可能受到职业病危害。国家建立工伤保险制度,就像是为广大员工建起了"职业安全网"。

国家要求,所有用人单位必须及时为员工办理参加工伤保险手续,并按时足额缴纳工伤保险费,员工受到事故伤害或患职业病后,依法享受工伤保险待遇。未参加工伤保险的员工发生工伤,由用人单位按规定的标准支付费用。

工伤保险待遇主要包括:

①在工伤定点医疗机构治疗,符合规定范围的医药费等全额报销,工伤医疗期间本人原工资照发,住院期间由单位按出差标准的70%发给住院伙食补助费。

②伤残等级被鉴定为一级至四级的,保留劳动关系,退出工作岗位,按伤残等级发给一次性伤残补助金,按月支付伤残津贴,伤残津贴不得低于当地最低工资标准。到龄办理退休后,停发伤残津贴,享受基本养老保险待遇。

③伤残等级被鉴定为五级、六级的,按伤残等级支付一次性伤残补助金,保留与用人单位的劳动关系,由用人单位安排适当工作。难以安排工作的,由单位按月发给伤残津贴并为劳动者缴纳各项社会保险费。劳动者提出解除或终止劳动关系的,由单位支付一次性工伤医疗补助金和伤残就业补助金。

④伤残等级被鉴定为七级至十级的,按伤残等级支付一次

性伤残补助金,劳动合同期满终止,或劳动者提出解除劳动合同的,由单位支付一次性工伤医疗补助金和伤残就业补助金。

(四)失业保险

如今,谁也不敢说能端上"铁饭碗"。当员工非本人意愿中断了就业,又一时找不到工作时,失业保险会帮助你。国家规定员工应当参加失业保险,用人单位应按规定为员工缴纳失业保险费。所以当你失业时,你也可以按规定享受失业保险待遇。你如果在单位连续工作满一年,单位已缴纳失业保险费的,劳动合同期满未续订或者提前解除劳动合同时,由失业保险经办机构根据工作时间长短,支付一次性生活补助。补助办法和标准由省、自治区、直辖市人民政府规定。

第四节 维护权益

当前,一些用人单位侵害员工合法权益的现象仍比较严重,如不与员工签订劳动合同,无故拖欠、克扣工资,不按规定提供安全生产条件,不缴纳社会保险费,随意解除劳动合同,等等。那么,可以通过哪些途径来维护合法权益呢?

一、申请劳动争议调解、仲裁

劳动争议也称劳动纠纷,是劳动关系当事人之间因劳动权利和义务产生分歧而引起的争议。劳动争议只能发生在存在劳动关系的用人单位和劳动者之间,没有劳动关系的存在,劳动争议就不可能发生。

(一)可以申请调解和仲裁的劳动争议

员工与用人单位之间发生的下列劳动争议,可以申请劳动争议调解和仲裁。

①因确认劳动关系发生的争议。

②因订立、履行、变更、解除和终止劳动合同发生的争议。
③因除名、辞退和辞职、离职发生的争议。
④因工作时间、休息休假、社会保险、福利、培训以及劳动保护发生的争议。
⑤因劳动报酬、工伤医疗费、经济补偿或者赔偿金等发生的争议。
⑥法律法规规定的其他劳动争议。

（二）劳动争议解决程序

员工与用人单位发生劳动争议后，可以按照"协商、调解、一裁两审"的基本程序办理。具体如下：

①协商解决。员工和用人单位在自愿的基础上进行协商，也可以请工会或第三方共同与用人单位进行协商，达成和解协议。

②调解解决。不愿协商、协商不成或者达成和解协议不履行的，员工和用人单位都可向调解组织申请调解。

③仲裁解决。不愿调解、调解不成或者达成调解协议后不履行的，员工和用人单位都可以向劳动人事争议仲裁委员会申请仲裁。

④诉讼解决。员工或者用人单位对仲裁裁决不服的，除另有规定的外，可以向人民法院提起诉讼。

因此，劳动争议发生后，可以按照协商—调解—仲裁—诉讼的基本程序处理。其中，协商和调解是在双方当事人自愿的原则下选择进行的，而仲裁是劳动争议处理的必经程序，发生劳动争议当事人也可以直接申请仲裁，对仲裁裁决不服的，除《劳动争议调解仲裁法》另有规定外，可以依法向人民法院提起诉讼。

【经典案例】

小胡进城务工，与一家装潢公司签订了为期3年的劳动合同,现已经工作一年多了。有一次小胡因为请假与领导发生了争执,赌气一天没有上班。该公司领导认为小胡违反公司规章制度,于是做出了解除劳动合同的决定。小胡接到解除劳动合同的通知后,认为是公司领导蓄意报复他,于是找到公司领导交涉,但没有结果。他与工友商量后,便到当地劳动人事争议仲裁委员会申请仲裁。接待他的工作人员了解情况后,告诉他需要提交书面申请书并讲解了申请书如何写。小胡心想,口头说不就行了吗,为什么要写书面申请呢?

根据《劳动争议调解仲裁法》规定,申请劳动人事争议仲裁,应当以书面形式向劳动人事争议仲裁委员会提交申请书。法律这样规定,是为了使劳动人事争议案件的仲裁有可靠的依据,更好地维护当事人的合法权益。申请书应当载明的事项包括:

①劳动者的姓名、性别、年龄、职业、工作单位和住所。
②用人单位的名称、住所和法定代表人或者主要负责人的姓名、职务。
③仲裁请求和所根据的事实、理由。
④证据和证据来源、证人的姓名和住所。

申请书内容不完整的,当事人可在调解仲裁委员会工作人员指导下补正,并按规定时间提交。

二、向劳动保障监察机构投诉举报

劳动保障监察是各级劳动保障行政部门依法对用人单位遵守劳动保障法律、法规情况进行监督检查的行政执法活动。员工对用人单位侵害员工合法权益的违法行为有权投诉、举报,劳动保障监察机构将依法做出处理,纠正用人单位的违法行为。

(一)应投诉、举报的违法行为

员工可以投诉、举报用人单位的以下行为:

①未依法与员工订立劳动合同或非法解除与员工订立的劳动合同。

②非法招用职工,包括招用童工等。

③收取风险抵押金等不合理费用或者扣押员工的证件。

④克扣、无故拖欠员工工资或者支付给员工的工资低于当地最低工资标准。

⑤不遵守工作时间和休息休假的法律规定。

⑥违反女职工、未成年工特殊劳动保护规定和残疾人劳动权益保障规定。

⑦违反社会保险法律规定,未依法履行参加社会保险、缴纳社会保险费义务。

⑧违反招用涉及公共安全、人身健康、生命财产安全等特殊工种从业人员规定。

(二)如何向劳动保障监察机构投诉、举报

可以直接到劳动保障监察机构投诉、举报用人单位的违法行为,也可以采取电话、信函投诉、举报等形式,但要注意应尽可能提供与投诉、举报的违法行为有关的事实和证据材料。

要注意投诉与举报的区别,合理选择投诉或举报的方式。

1. 如何投诉

根据《劳动保障监察条例》的规定,只有自身合法权益受到侵害的劳动者,才可以投诉。凡符合规定的投诉,劳动保障监察机构在7日内立案受理。员工有权要求告知投诉的受理和查处结果。

向劳动保障监察部门投诉时,投诉人应当向劳动保障行政部门递交投诉文书,而不应仅是口头叙述。投诉文书应当写明投诉人的姓名、性别、年龄、职业、工作单位、住所和联系方式,被投诉用人单位的名称、住所、法定代表人或主要负责人的姓名和职务,以及合法权益受到侵害的事实和投诉请求事项。

同时，劳动者要特别注意，违反劳动保障法律的行为必须发生在2年内，有明确的被投诉用人单位，且投诉人的合法权益受到侵害是由被投诉用人单位违反劳动保障法律的行为所造成的。

劳动者还要注意受理时限，即劳动保障行政部门对违反劳动保障法律的行为的调查，应当自立案之日起60个工作日内完成，情况复杂的，经劳动保障行政部门负责人批准，可以延长30个工作日。另外，投诉前一定要保存好有效证据，如劳动合同等，没有合同的一定要保存工资条、饭票、工作牌、出入证、安全证等，这些都有可能作为证明劳动关系曾经存在的有效证据。

2. 如何举报

劳动者对自身合法权益或者其他劳动者合法权益受到用人单位侵害的，都可以举报。员工向劳动保障监察机构举报用人单位的违法行为，劳动保障监察机构应为举报人保密。不过，劳动保障监察机构不必履行向举报人答复等义务。

【经典案例】

周某某开了一家服装厂，由于生意很好，接了好几笔大订单，已连续3个月让工人们每天加班4个小时。下面的工长向他汇报说："工人们天天加班太累了，还没有加班工资，怨言不少呀。"但周某某却不以为然地说："怕什么，你就去跟他们说，谁要不愿干，就给我走人！"哪知没过几天，劳动保障监察机构找上门来了，说："有工人举报你们厂长期超时加班加点，还不发加班工资，请你配合调查，接受处理。"

周某某的服装厂连续3个月每天加班4个小时，显然已严重违反《劳动法》的规定，不付加班工资的行为更是进一步侵害了劳动者的合法权益。因此，劳动保障监察机构接到举报后，立即登记立案并到用人单位调查取证。根据此案的情况，劳动保障监察机构将责令该服装厂限期支付工人们的加班工资；逾期不支付的，责令加付应付金额 50%～100% 的赔偿金。

三、提起行政复议或行政诉讼

当员工认为人力资源社会保障部门或具有人力资源社会保障行政职能的组织（如社会保险经办机构）做出的具体行政行为侵害了员工的合法权益时，可以依法提起行政复议或行政诉讼。

（一）申请行政复议

1）员工对人力资源社会保障部门做出的下列具体行政行为不服，可以申请行政复议：

①申请人力资源社会保障部门依法履行保护劳动者获取劳动报酬权、休息休假权、社会保险权等法定职责，人力资源社会保障行政部门没有依法履行的。

②认为人力资源社会保障部门违法收费或者违法要求履行义务的。

③对人力资源社会保障部门认定工伤的具体行政行为不服的。

2）申请行政复议的方法如下：

①应自知道该具体行政行为之日起 60 日内提出行政复议申请。

②申请行政复议，可以书面申请，也可以口头申请。

③对人力资源社会保障行政部门做出的具体行政行为不服的，既可以向其本级人民政府，也可以向上一级人力资源社会保障行政部门申请行政复议。

④你认为社会保险经办机构在经办社会保险事务时，侵害了你的合法权益，应向直接管理该经办机构的人力资源社会保障行政部门申请行政复议。

（二）提起行政诉讼

与提起行政复议一样，行政诉讼也是员工维护自身合法权益的重要途径。

如果对复议决定不服，可在收到复议决定书之日起 15 日内向人民法院提起行政诉讼。

此外，除非法律有特殊规定，员工也有权不经行政复议直接向人民法院起诉。

国家明确规定，人力资源社会保障行政部门和其他主管部门及其工作人员玩忽职守、不履行法定职责，或者违法行使职权，给劳动者或用人单位造成损害的，应当承担赔偿责任。对负有直接责任的人员，依法给予行政处分或追究刑事责任。

四、寻求工会组织的帮助

依法维护职工的合法权益是工会的基本职责。工会监督劳动保障法律、法规的实施，是群众监督的重要组成部分，对于实现法律、法规规定的职工的各项权益，具有重要作用。因此，当员工的合法权益受到侵害时，不要忘了可以寻求工会组织的帮助。

（一）劳动合同的签订和履行

工会帮助、指导职工签订劳动合同，并监督劳动合同的履行。

《劳动法》和《工会法》规定，工会代表职工与企业进行平等协商，就劳动报酬、工作时间、休息休假、劳动安全卫生、保险福利等事项，签订集体合同，并帮助、指导职工签订劳动合同，防止在劳动合同中出现侵犯职工合法权益的条款。《劳动合同法》还规定，用人单位需要裁减人员 20 人以上或者裁减不足 20 人但占单位职工总数 10% 以上的，应当提前 30 日向工会或者全体职工说明情况，听取工会或职工的意见。并规定，用人单位单方解除劳动合同，应当事先将理由通知工会。如果用人单位违反法律、法规或者劳动合同,工会有权要求用人单位纠正。劳动者申请仲裁或者提起诉讼的,工会应当依法给予支持和帮助。

(二)遵守劳动保障法律、法规情况

工会对用人单位遵守劳动保障法律、法规的情况进行监督。

用人单位违反劳动保障法律、法规,往往造成对职工合法劳动保障权益的侵害。工会维护职工的劳动保障权益,其主要手段之一就是监督劳动保障法律、法规的实施。当发现用人单位侵犯职工劳动保障权益的情形时,将代表职工进行交涉并要求予以改正,如果单位拒绝改正,工会可向政府有关部门提出意见,要求认真进行查处,依法作出处理。

(三)劳动安全卫生条件

工会对企业劳动安全卫生条件进行监督。

生命安全和健康是劳动权利的重要方面,也是劳动保护的重要内容。工会依照国家规定对企业劳动条件和安全卫生设施实施监督,行使维护职工权益的职责。在发现重大事故隐患和职业危害,危及职工生命安全时,及时采取紧急处置措施,能有效地保护职工的生命安全和健康。当伤亡事故和其他严重危害职工健康的事件发生后,工会通过参加调查,要求追究直接负责的行政领导人和有关责任人员的责任,做好善后工作,对于维护职工的权益也是十分重要的。

【经典案例】

某纺织厂有300多名女职工,原有较好的女职工保护设施,如女职工卫生室、孕妇休息室等。但为了追求经济效益,厂方决定将靠近路边的孕妇休息室改装成门面房出租。厂里的女职工中有80%处于育龄期,因此都反对这一决定,纷纷向厂工会反映。厂工会认为这是一件关系到职工切身利益的事,于是代表职工与厂方进行交涉,要求保留孕妇休息室。厂方认真研究了工会的意见,重新开放了孕妇休息室。

国务院《女职工劳动保护特别规定》鼓励女职工比较多的单位建立女职工卫生室、孕妇休息室、哺乳室等设施。本案中,工会组织根据国家规定,代表职工与厂方开展协商,维护了本单位女职工的权益,是一种很好的维权方式。

主要参考文献

清华大学职业能力发展研究中心.2018.初入职场ABC：毕业生如何迈好职业生涯第一步［M］.北京：化学工业出版社.

人力资源社会保障部教材办公室.2019.入企必读［M］.北京：中国劳动社会保障出版社.

任康磊.2020.员工关系管理与职业发展从入门到精通［M］.北京：人民邮电出版社.

新员工入职通用知识手册组.2019.交通银行新员工培训系列教材［M］.上海：立信会计出版社.